ORACIONES DE UN MINUTO
para hombres

ORACIONES
DE UN MINUTO
para hombres

ORIGEN

Título original: *One-Minute Prayers® for Men*
Copyright © 2004/2010 by Harvest House Publishers
Published by Harvest House Publishers
Eugene, Oregon 97408
www.harvetshousepublishers.com

Primera edición: mayo de 2019

Publicado bajo acuerdo con *Harvest House Publishers*
© 2004/2010 by Harvest House Publishers
© 2019, Penguin Random House Grupo Editorial USA, LLC.,
8950 SW 74th Court, Suite 2010
Miami, FL 33156

Todas las citas bíblicas, a menos que se indique lo contrario, fueron tomadas de la RVR 1960, Reina-Valera © 1960 Sociedades Bíblicas en América Latina; © renovado 1988 Sociedades Bíblicas Unidas. Utilizado con permiso. Reina-Valera 1960™ es una marca registrada de la American Bible Society

Traducción: María José Hooft
Diseño de cubierta: Víctor Blanco
Foto: Boule/Shutterstock.com

ISBN: 978-1-949061-77-2

Impreso en USA / *Printed in USA*

Penguin
Random House
Grupo Editorial

ÍNDICE

Dar 9
Recibir 11

Habilidades 13
Provisión 19
Identidad 25
Pedir indicaciones 31
Colaboración 37
Silencio 43
Comunicación 49
Aprender a ser 55
Confianza 61
Hombría verdadera 67
Vocación 73
Libertad 79

Paternidad 85
Integridad 91
Éxito 95
Fuerza verdadera 101
Administración 107
Liderar 113
Matrimonio 119
Conexión 123
Preocupación 129
Poder 135
Pacto 141
Amistad 145
Servir 151
Visión 157
Eternidad 163
Sexualidad 169
Salud 175
Trabajo 181
Tentación 187
Elecciones 193
Tiempo 199
Prosperidad 205
Tiempos difíciles 211
Gracia 217

Alabanza 223
El Espíritu Santo 229
Pensamientos 235
Amor 241
Perdón 247
Los pobres 253
Orgullo 259
Ayudar al otro 265
Las palabras de mi boca 271
Seguridad 277
Deseos 283

DAR

Porque para siempre es su misericordia

Alabad a Jehová, porque él es bueno, porque para siempre es su misericordia. Alabad al Dios de los dioses, porque para siempre es su misericordia. Alabad al Señor de los señores, porque para siempre es su misericordia.

SALMO 136:1-3

Señor, gracias por la vida que me has dado. Cuando me levanto en la mañana, adoro al Señor de señores, al Dios de todos los dioses y al Rey de reyes... y Tú me llamas por mi nombre. Pienso en el día en que te conocí y en cómo me recibiste con los brazos abiertos. Recibiste a este hijo pródigo sin dudarlo.

Por todos estos motivos y por muchos más, te doy gracias. Ofrezco mi vida a ti y a tu servicio. No se me ocurre una mejor manera de vivir que considerar cada día como un sacrificio vivo y santo a ti. Que se haga tu voluntad cada día de mi vida.

RECIBIR

Recibir tus promesas

No perdáis, pues, vuestra confianza, que tiene grande galardón; porque os es necesaria la paciencia, para que habiendo hecho la voluntad de Dios, obtengáis la promesa.

HEBREOS 10:35-36

Me das tantas cosas, Señor. Mi ofrenda de gratitud y de un espíritu dispuesto parece insignificante en comparación con la magnitud de tu misericordia. Sin embargo, confío en que recibes el regalo de mis días amablemente porque así eres Tú. Tanto en los buenos como en los malos momentos, tu amor me acompaña; presto atención a mis bendiciones porque ellas dirigen mi mirada hacia la mano del Dador.

Cada día revela la recompensa de vivir por fe. Anhelo comprender aún más mi propósito debajo del cielo. Dame el valor para hacer tu voluntad. Abre mi corazón y mi vida, Señor, para que pueda recibir todas las promesas que tienes preparadas para mí.

HABILIDADES

Úsalas

De manera que, teniendo diferentes dones, según la gracia que nos es dada, si el de profecía, úsese conforme a la medida de la fe; o si de servicio, en servir; o el que enseña, en la enseñanza; el que exhorta, en la exhortación; el que reparte, con liberalidad; el que preside, con solicitud; el que hace misericordia, con alegría.

ROMANOS 12:6-8

Dios, gracias por las habilidades que me has dado. A lo largo de mi viaje, me encontré con etapas en las que ignoraba, descuidaba o maltrataba mis dones. Perdóname por esas etapas de ignorancia. No quiero ignorar tu voluntad para mi vida. Quiero reclamarla y practicar tu verdad en toda circunstancia. Sé que esto implicará usar mis habilidades para servirte a ti y para servir a los demás.

Muéstrame los dones que todavía no he descubierto. Muéstrame la manera de usar las habilidades que he podido reconocer.

ʃᴧás allá de mis habilidades

Pues doy testimonio de que con agrado han dado conforme a sus fuerzas, y aun más allá de sus fuerzas, pidiéndonos con muchos ruegos que les concediésemos el privilegio de participar en este servicio para los santos.

2 Corintios 8:3-4

Señor, no permitas que me aferre a mis habilidades como si yo pudiera controlarlas. Cuando pueda servirte con los dones que me has dado, no permitas que luche contra la oportunidad porque esta implica demasiado tiempo, energía o compromiso. Ante todo, oro para ir más allá de mis expectativas terrenales. Oro para superar las limitaciones impuestas por los estándares humanos. Permíteme avanzar en mi trabajo, mi vida, mi fe y servirte mejor.

Es un privilegio servirte a ti y servir al cuerpo de Cristo con mis fuerzas naturales. Ayúdame a recordar esto cuando enfrente decisiones y posibilidades. Que siempre busque más maneras de servirte, Señor.

No está a la venta

Cuando vio Simón que por la imposición de las manos de los apóstoles se daba el Espíritu Santo, les ofreció dinero, diciendo: Dadme también a mí este poder, para que cualquiera a quien yo impusiere las manos reciba el Espíritu Santo.

HECHOS 8:18-19

Dios, guíame hacia tu gran propósito para mi vida. Úsame para satisfacer las necesidades de las otras personas de tu cuerpo y de tu creación. Que no codicie el éxito de otras personas porque eso me hace desear sus dones. Cuando veo los logros de los demás, comienzo a cuestionar mi actitud frente al mundo. Señor, ayúdame a comprender tu plan de una manera más profunda y significativa.

Que cuando sienta la tentación de emprender un viaje que no me corresponde, encuentre la verdad de tu palabra, la sabiduría de tu verdad y el milagro de mi vida. Quiero experimentar tu voluntad, Señor, y no las trampas del camino de otra persona.

De la misma fuente

Ahora bien, hay diversidad de dones, pero el Espíritu es el mismo. Y hay diversidad de ministerios, pero
el Señor es el mismo. Y hay diversidad de operacio-
nes, pero Dios, que hace todas las cosas en todos, es
el mismo.

1 Corintios 12:4-6

Señor, que a medida que pase cada día pueda observar
y apreciar el caleidoscopio de talentos que demuestran
aquellos con quienes me encuentro. Hazme humilde
de espíritu para que pueda ver más allá de mis habilidades y mire a los que me rodean. Que pueda ver tu
mano en sus vidas. Que vea que tu voluntad se cumple
por medio de sus acciones.

Eres la fuente de todas las habilidades y los talentos, Señor. Ayúdame a respetar los dones de los demás. Es muy fácil concentrarme únicamente en mi
propio viaje. Alza mis ojos más allá de mi camino
privado para que pueda ver las maravillas que estás
realizando a mi alrededor.

PROVISIÓN

Cuando guía la avaricia

Se apresura a ser rico el avaro, y no sabe que le ha de venir pobreza.

PROVERBIOS 28:22

Señor, que al buscar la provisión para mí y para mi familia no me vuelva avaro y egoísta. Es muy fácil codiciar las cosas del mundo. Puedo perder de vista las prioridades espirituales que fijaste para mí. El objetivo de mi vida no es acumular "cosas", sino buscar tu camino. No quiero buscar éxito material que se exceda de tu provisión.

Fui testigo de la perdición de colegas y amigos que deseaban más de lo que necesitaban, más de lo que habían sido llamados a poseer. Todo lo que tengo es por ti y para ti. Que ni mis manos ni mis ojos reclamen más de lo que Tú me provees en cada momento en particular. Solo quiero tener riqueza espiritual, Señor.

Detrás de todo gran hombre

... [no sea que] digas en tu corazón: Mi poder y la fuerza de mi mano me han traído esta riqueza. Sino acuérdate de Jehová tu Dios, porque él te da el poder para hacer las riquezas, a fin de confirmar su pacto que juró a tus padres, como en este día.

DEUTERONOMIO 8:17-18

Todo lo que tengo viene de ti, Señor. Tus bendiciones del cielo son responsables por cada uno de mis bienes, por la satisfacción de cada una de mis necesidades y por cada una de mis recompensas. Cuando tengo éxito y, gracias a este, encuentro la provisión para mí y para otras personas, miro hacia ti con un corazón agradecido. Tú eres la fuente de mis fuerzas y mis riquezas.

Tienes cuidado de cada uno de tus hijos, Señor. Estoy muy agradecido por ser uno de tus seguidores. Que use la vida, la salud y las oportunidades que Tú me das para servirte solamente a ti.

Su poder

... si alguno ministra, ministre conforme al poder
que Dios da, para que en todo sea Dios glorificado por
Jesucristo...

1 PEDRO 4:11

Señor, sabes que mis temores no me permiten servirte
con plenitud. Ayúdame a dejar a un lado las inseguridades que me paralizan. Permíteme valerme del poder que Tú provees para que me acerque a ti cada vez
que tenga una necesidad. Quiero caer a tus pies cada
vez que enfrente una dificultad o un conflicto. Señor,
me avergüenzo con facilidad de mi falta de capacidad.
Pero deseo servirte con confianza y poder.

Los que me conocen saben que mis fuerzas provienen únicamente de ti, Señor. Han visto mis debilidades con la claridad de la luz del día y saben que
Tú eres responsable por cada uno de mis triunfos.
Que siempre sea de esta manera. Y que siempre te reconozca como la fuente cuando demuestre un poqui-
to de fortaleza, de poder o de entendimiento.

El fruto de una buena vida

> Y aprendan también los nuestros a ocuparse en buenas obras para los casos de necesidad, para que no sean sin fruto.
>
> TITO 3:14

Las oportunidades de hacer el bien se presentan de muchas maneras sutiles, Señor. A veces, ni siquiera es una opción, sino un impulso, un empujón que me lleva a seguir tu camino. Durante este día, ayúdame a estar alerta y detectar las oportunidades para hacer el bien. Que mi vida sea un ejemplo para los demás. Que mi vida sea productiva a tus ojos.

Quiero orar sin cesar durante el día para poder aprovechar tu liderazgo en cada momento. Esa guía es tu provisión. Guías mis pasos y me pastoreas a lo largo de la vida.

IDENTIDAD

El viejo hombre
frente al nuevo hombre

En cuanto a la pasada manera de vivir, despojaos del viejo hombre, que está viciado conforme a los deseos engañosos, y renovaos en el espíritu de vuestra mente, y vestíos del nuevo hombre, creado según Dios en la justicia y santidad de la verdad.

EFESIOS 4:22-24

Dios, estoy muy agradecido porque amas a tu creación. En lugar de desecharnos con nuestros incontables pecados, debilidades y actitudes vergonzosas, extiendes tu mano y nos haces personas nuevas. No apartas tu mirada de nosotros por nuestras heridas e imperfecciones. No nos pasas por alto.

Me siento insignificante cuando pienso en quien era antes de conocerte. Algunos días, todavía se manifiesta en mí el viejo hombre. Pero ahora puedo acercarme a ti con la carga del pecado y buscar el perdón. He experimentado tu toque sanador y has transformado mi corazón. Que cada día me parezca más a ti.

¿Quién soy yo?

> Y entró el rey David y estuvo delante de Jehová, y
> dijo: Jehová Dios, ¿quién soy yo, y cuál es mi casa,
> para que me hayas traído hasta este lugar? Y aun
> esto, oh Dios, te ha parecido poco, pues que has ha-
> blado de la casa de tu siervo para tiempo más lejano,
> y me has mirado como a un hombre excelente, oh
> Jehová Dios.
>
> 1 Crónicas 17:16-17

La experiencia de mi vida cristiana se asemeja al proceso de salir trepando de un cañón. En ocasiones,
la carrera fue traicionera y perdí el equilibrio, pero
mantuve la mirada en la cumbre de tu gracia. Tuve la
tentación de mirar hacia abajo demasiadas veces... a
los problemas que me hicieron tropezar o a las grietas
en las que me atasqué durante los tiempos difíciles.
Pero a medida que trepo más alto, hacia la Fuente de
luz, encuentro consuelo.

Señor, Tú me guías. Me cuidas y cuidas mi camino. Me has rescatado de una vida pecaminosa. Señor:
te ruego que pueda alcanzar la fortaleza de tu sabiduría y continuar mi camino con acción de gracias.

Me conoces

Oh Jehová, tú me has examinado y conocido. Tú has conocido mi sentarme y mi levantarme; has entendido desde lejos mis pensamientos.

SALMO 139:1-2

Señor, aunque suelo ser reservado cuando estoy con otras personas o limitar lo que comparto con ellas, disfruto de ser vulnerable y abrir mi corazón frente a ti. Conoces cada detalle de mi vida: cómo estoy formado, las maneras en que lucho, mis alegrías más importantes y el futuro que viviré. Encuentro paz sin igual al saber que me conoces real e integralmente.

Dios, ayúdame a tomar esta sensación de seguridad y convertirla en confianza en las relaciones con mis amigos, mis familiares y con quienquiera que me encuentre. No permitas que ponga una fachada para proteger mi corazón o mi orgullo. Ya es hora de que comparta mi "verdadero yo" más abiertamente con el cuerpo de Cristo y con aquellos que no te conocen. Buscaré tus fuerzas mientras me esfuerzo por alcanzar esa meta.

Hijo de Dios

En esto se manifiestan los hijos de Dios, y los hijos del
diablo: todo aquel que no hace justicia, y que no ama
a su hermano, no es de Dios.

1 Juan 3:10

Señor, ¿tengo suficiente amor? ¿Transmito tu bondad
a los demás? Quiero ser conocido como un hijo de
Dios. Cuando esté reticente a demostrar amor o a expresar tu misericordia, abre mi corazón. Si soy rápido
para juzgar y lento para ayudar a otra persona, motívame para que actúe. Me cuesta tanto intentar ser
quien soy en el mundo, que me olvido de ser tu hijo.

Señor, intento encontrar un equilibrio en el que
estas dos identidades se fusionen. Ayúdame a deshacerme de las características y los pecados que no te
representan, Padre celestial. Que yo sea tus manos y
tu corazón dondequiera que vaya.

PEDIR INDICACIONES

Finalmente, pido

Oye, oh Dios, mi clamor; a mi oración atiende.

SALMO 61:1

Últimamente, mis luchas me han alejado de mi Fuente de ayuda: Tú. Al principio, pensaba que podría descifrar las respuestas por mi propia cuenta. Sin embargo, al intentarlo perdí la dirección y comencé a enterrarme más dentro de mí. Ni siquiera sabía cómo pedir ayuda o consejos; por lo tanto, intenté superar mis problemas y fracasos. Cada giro equivocado y cada callejón sin salida deberían haberme acercado de nuevo a ti. Perdóname, Señor, por haberme negado a pedir ayuda.

Así que aquí estoy, finalmente clamando por ti. Ayúdame a lo largo del proceso. Oye, oh Dios, mi clamor. Me rindo a tus pies en humildad y pido tu guía.

A tu alcance

Esté tu mano pronta para socorrerme, porque tus mandamientos he escogido.

SALMO 119:173

Escojo tus caminos, Señor. Cuando me encuentro con dificultades, confío en la guía de tus mandamientos. Hoy te pido que me muestres tu misericordia, Señor. Acércate a mí en mi condición actual y redirige mis pasos para que pueda permanecer fiel a tu voluntad. Me resulta fácil desviarme porque llevo una vida atareada. Guíame para que pida ayuda cuando la necesite.

Quiero permanecer fiel al camino que has preparado para mí. Me emociona pensar en la manera en que usas cada día de mi vida para ayudarme a seguir adelante y para cumplir tu propósito.

Pedir fe

E inmediatamente el padre del muchacho clamó y
dijo: Creo; ayuda mi incredulidad.

Marcos 9:24

Dios, gracias por permitirme dudar incluso cuando
tengo fe. El regalo del libre albedrío me permite experimentar una fe profunda que se fortalece en tiempos
de dudas. Te pido que me ayudes a enfrentar esos ins-
tantes, días o aun meses de incredulidad.

Gracias por haber enviado personas que me anima-
ron a mirarte a ti durante las dificultades. El don de la
fe es santo y valioso. Oro para que pueda aferrarme a
ese don en todo momento y, en especial, cuando me
encuentre rodeado de dudas.

Motivaciones puras

... no tenéis lo que deseáis, porque no pedís. Pedís, y
no recibís, porque pedís mal, para gastar en vuestros
deleites.

SANTIAGO 4:2-3

Agité mis puños contra el cielo, Señor. Perdóname
por haber sido exigente cuando pedía cosas que no
eran acordes a tu voluntad. Insisto para obtener una
respuesta... No, insisto para obtener *la respuesta* que
yo quiero porque siento temor. Siento que no logro
alcanzar las metas ni cumplir con los planes que me
propuse. Este estado egoísta hace que pierda de vista
tu asombroso propósito para mi vida.

Arranca este espíritu de temor y de arrogancia de
mi vida, Señor. Que cuando clame a ti, mi espíritu
de arrepentimiento sea sincero. Que mis pedidos sean
acordes a tu plan. Y que cuando mis temores obnu-
bilen mi entendimiento respecto de la forma en que
trabajas, tranquilices mi corazón para que pueda oír
tus palabras de guía.

COLABORACIÓN

Comportamiento conocido

Por lo cual, desechando la mentira, hablad verdad cada uno con su prójimo; porque somos miembros los unos de los otros.

Efesios 4:25

Dios, libérame de las mentiritas piadosas y de las verdades a medias que me ayudan a eludir el momento. Que mis intercambios con desconocidos y con mis compañeros de trabajo sean tan honestos como los que tengo en mi casa y en la iglesia. Oro por poseer la capacidad que tienen los hombres sabios de pensar antes de hablar. Estuve atado por comentarios engañosos o por chismes y ahora sé que estos nunca se acabarán.

Que nunca ponga mi orgullo sobre la verdad. Que trate a cada persona con el mismo respeto que tengo por los más cercanos a mí. O, mejor aún, hablaré la verdad a los demás como lo hago contigo.

Llamados a la paz

Y la paz de Dios gobierne en vuestros corazones, a la
que asimismo fuisteis llamados en un solo cuerpo; y
sed agradecidos.

COLOSENSES 3:15

Señor, a pesar de que intento vivir una vida significativa y con propósito, sé que muchas veces estoy ocupado con actividades insignificantes. Me pongo nervioso por asuntos sin importancia y permito que estos llenen mi corazón de ansiedad. Líbrame de estos vínculos banales con las preocupaciones terrenales. Que menguen mis pensamientos y crezcan mis oraciones para que pueda colaborar con tu Espíritu en esos tiempos.

Tengo una Fuente de paz eterna dentro de mí gracias al regalo de tu salvación. Que nunca te dé por sentado. Que la medida de mi éxito sea la manera en que reflejo tu paz a los miembros del cuerpo de Cristo y a los demás.

Ver tu obra en los demás

> ... siempre en todas mis oraciones rogando con gozo por todos vosotros, por vuestra comunión en el evangelio, desde el primer día hasta ahora; estando persuadido de esto, que el que comenzó en vosotros la buena obra, la perfeccionará hasta el día de Jesucristo...
>
> FILIPENSES 1:4-6

Dios, mis inseguridades se ponen a flor de piel cuando debo hacer frente a cualquier tipo de competencia. Invierto mucho tiempo en mi trabajo y tengo un gran compromiso con este, pero este esfuerzo no debería distorsionar mi apreciación de los demás ni de su valor.

Permíteme ver el trabajo que has comenzado en los corazones de otras personas. Que me relacione con ellos de esta manera: como un hermano en Cristo y no como un rival o un oponente. Servirte a ti y servir a la iglesia exige un compromiso con la bondad y la gracia. Guíame para que pueda animar a los demás y buscar el bien en ellos en todo momento.

Superar el pecado

... porque aún sois carnales; pues habiendo entre vosotros celos, contiendas y disensiones, ¿no sois carnales, y andáis como hombres? Porque diciendo el uno: Yo ciertamente soy de Pablo; y el otro: Yo soy de Apolos, ¿no sois carnales?

1 CORINTIOS 3:3-4

El pecado puede ser un obstáculo para el espíritu de colaboración, Señor. A veces, en lugar de orar por mis pecados y arrepentirme, intento esquivarlos y seguir adelante. Muéstrame cuán inútil es hacer esto, Señor. Los celos y la rapidez para el enojo entorpecen mis habilidades y las maneras en que Tú puedes obrar por medio de mi vida. Me convierto en el obstáculo que no permite que se cumpla tu voluntad.

Como soy un hombre, pecaré. Como soy un hijo de Dios, buscaré el perdón y lo encontraré para permanecer fiel al camino de eternidad que Dios ha puesto delante de mí.

SILENCIO

Un corazón paciente

Bueno es Jehová a los que en él esperan, al alma que le busca. Bueno es esperar en silencio la salvación de Jehová.

LAMENTACIONES 3:25-26

Con esperanza en mi corazón, puedo esperar tu misericordia, Señor. Mi boca, que está tan acostumbrada a formar secuencias de palabras, de deseos, de quejas, se puede cerrar y tranquilizar. Mi voz, que está tan acostumbrada a clamar, pedir, cuestionar, se puede silenciar.

Cuando estoy rodeado de esperanza, no tengo necesidad de prestar atención al ruido de la mente y el corazón del ser humano. Las oraciones fluyen de mi alma. Dios, gracias por el santuario que se forma a partir de la ausencia de palabras. Anímame a volver a este lugar con mayor frecuencia. Cuando me sienta apabullado por las órdenes de los días atareados, volveré a tus pies y agradeceré por el silencio.

El bien hace callar la ignorancia

> Porque esta es la voluntad de Dios: que haciendo
> bien, hagáis callar la ignorancia de los hombres in-
> sensatos...
>
> 1 Pedro 2:15

Dios, pareciera que las palabras que los demás pro-
nuncian de forma precipitada me afectan en gran
manera. Cuando alguien diga palabras duras de manera desinteresada, ayúdame a ver que detrás de la
imprudencia suele haber ignorancia o falta de atención, y no maldad.

Dios, mi seguridad está en ti. No necesito la apro-
bación de los demás. Ayúdame a convertir mi preocupación en oraciones en pos del bienestar de aquella
persona. Que actúe como una oración viviente respondiendo a las palabras duras con amabilidad y
bondad.

Sabiduría en quietud

Las palabras del sabio escuchadas en quietud, son
mejores que el clamor del señor entre los necios.

ECLESIASTÉS 9:17

Señor, que pueda permanecer fiel a lo que es correcto
cuando me sienta tentado a alejarme de la sabiduría y
entrar en el campo de la imprudencia. El otro día,
en una reunión, apenas pude hacer oír mi opinión,
mientras que otras personas decían lo que pensaban
sin reservas, tomaban las riendas y usaban el tiempo
para conseguir sus propósitos. Cada vez que me inte-
rrumpían, mi frustración se exacerbaba.

Pero entonces tocaste mi corazón. Pude decir lo
que quería expresar y eso fue suficiente. No había necesidad de competir con sus incontables comentarios
ni con su volumen elevado. Me permitiste permanecer en calma y en control de mí mismo. Gracias por
recordarme que oyes cada palabra que sale de mi
boca.

La quietud de la humildad

Porque por gracia sois salvos por medio de la fe; y esto no de vosotros, pues es don de Dios; no por obras, para que nadie se gloríe.

EFESIOS 2:8-9

Dios, todo lo que tengo proviene de ti. La fe a la que me aferro es un don de tu gracia. Que si las personas ven la paz y la plenitud de mi vida, no me atribuya la responsabilidad por estas cosas. Compartiré acerca de tu misericordia. Compartiré acerca de cómo tu amor me transformó en un tiempo en el que yo no podía hacer nada por mí mismo.

Debería depender más de ti que de mí mismo. Que todo lo que haga, diga, logre y todo por lo que sea reconocido sea un reflejo de tu regalo de gracia.

COMUNICACIÓN

Si no puedes decir algo bueno...

Venid, hijos, oídme; el temor de Jehová os enseñaré.
¿Quién es el hombre que desea vida, que desea muchos días para ver el bien? Guarda tu lengua del mal, y tus labios de hablar engaño.

SALMO 34:11-13

"Muérdete la lengua". Eso me decía mi madre cuando yo estaba a punto de mentir o de hacer un comentario desagradable cuando era niño. Dios, me ofreces el mismo consejo y sería sabio de mi parte obedecerte. También creo que cuando me esté costando guardarme una crítica innecesaria o un comentario sarcástico, deberé buscar algo bueno para decir en ese momento, algo honrado y sincero.

Señor, controla mi lengua para que comparta las buenas nuevas. Pero cuando esto no surja con facilidad debido a la tensión del momento, permíteme permanecer en silencio y usar mi energía para escuchar tus instrucciones y esperar tu paz.

Oraciones traducidas

... pues qué hemos de pedir como conviene, no lo sabemos, pero el Espíritu mismo intercede por nosotros con gemidos indecibles.

ROMANOS 8:26

Señor, titubeo a lo largo de conversaciones que no tienen un significado real; por lo tanto, estoy muy agradecido porque el Espíritu intercede por mí cuando no puedo encontrar las palabras para expresarme. Mi quebrantamiento no se puede poner en palabras. Solo puedo quejarme en medio de la oscuridad. Y Tú puedes decidir el significado de cada una de mis quejas.

El otro día, no podía llorar ni hablar. El sonido de mi corazón, que latía con fuerza dentro de mi pecho, era lo único que se oía. Y yo sabía que Tú comprendías cada uno de sus latidos.

Dímelo de manera directa

Le dijeron sus discípulos: He aquí ahora hablas claramente, y ninguna alegoría dices. Ahora entendemos que sabes todas las cosas, y no necesitas que nadie te pregunte; por esto creemos que has salido de Dios.

JUAN 16:29-30

Al igual que tus discípulos, quienes estaban a tu lado y escuchaban tus parábolas e historias, pero no lograban discernir tu verdad, a veces necesito que me expliques las cosas. Te pido una orientación clara para mi vida en este momento, Señor. Recurro a tu palabra para conseguir sabiduría y estoy muy agradecido por su poder. Oro para ser sensible y escuchar los mensajes que están especialmente dirigidos a mí.

Soy testigo de cómo guías mis pasos y diriges mi corazón a lo largo de mis días. Mi historia revela la manera personal en que tu verdad surte efecto en mi vida. El mensaje de tu amor se vuelve muy claro... y sé que eres Dios.

Palabras de bien

Hay hombres cuyas palabras son como golpes de espada; mas la lengua de los sabios es medicina.

PROVERBIOS 12:18

Señor, que a lo largo del día preste atención a aquellos que necesitan palabras sanadoras. Ayúdame a escuchar las necesidades que hay a mi alrededor. En el trabajo, donde se habla sobre negocios, anima mi espíritu para que también escuche lo que la gente esconde detrás de sus palabras. ¿Están atravesando una situación difícil? ¿Están emocionados por un acontecimiento alegre que ocurrió recientemente?

Cada conversación que tengo con otra persona es importante. El intercambio de bromas amistosas o los debates profundos acerca de la fe y la vida son importantes porque estos diálogos me conectan con otros seres creados a tu imagen. Recuérdame, Señor, que debo ser un motivador.

APRENDER A SER

Cómo vivir

... y que procuréis tener tranquilidad, y ocuparos en vuestros negocios, y trabajar con vuestras manos de la manera que os hemos mandado, a fin de que os conduzcáis honradamente para con los de afuera, y no tengáis necesidad de nada.

1 TESALONICENSES 4:11-12

Dios, has creado la vida como un proceso de crecimiento y de entrega. Aprender cómo vivir se transforma en un camino que dura toda la vida. Cuando llego a un lugar en el que estoy seguro de que permitirás que me quede, se producen cambios y me impulsas para que siga adelante.

A medida que me llamas a continuar avanzando y creciendo, respeto las normas que ofreces en tu mundo. Llevo una vida tranquila enfocada en ti. Me ocupo de mis negocios y trabajo a fin de conducirme honradamente para con los de afuera. Y cada día renuevo mi compromiso de caminar en tu voluntad.

Descansar en el Señor

Porque en este día se hará expiación por vosotros, y seréis limpios de todos vuestros pecados delante de Jehová. Día de reposo es para vosotros, y afligiréis vuestras almas; es estatuto perpetuo.

LEVÍTICO 16:30-31

Señor, guía mi espíritu en el ejercicio del descanso durante el día de hoy. Me siento un poco ansioso y mi mente me recuerda constantemente todas las tareas que debo llevar a cabo. Pero deseo volver a descubrir la práctica del día de reposo. El mundo me enseña que si me tomo un tiempo para "ser", quedare rezagado o perderé mi lugar; pero Tú me llamas para que me tome un tiempo de renovación.

Que use mi determinación para programar mis días a fin de cumplir el propósito del día de reposo. Ayúdame a ser diligente en esta disciplina. Oro para que pueda aprender a descansar en ti.

Cada día, un nuevo comienzo

Oh Jehová, de mañana oirás mi voz; de mañana me presentaré delante de ti, y esperaré.

SALMO 5:3

Amo las mañanas, Señor. Gracias por permitirme experimentar un nuevo comienzo cada día de mi vida. Antes de que comience a pensar en las diferentes actividades que tengo programadas a lo largo del día, puedo sentir la paz de tu presencia. Cuando me levanto temprano y la luz del día recién empieza a calentar la tierra que me rodea, un sentimiento de asombro se apodera de mi espíritu.

Permíteme experimentar serenidad cuando me sienta agobiado. Cuando las actividades reemplacen el espíritu de meditación y oración, restaura la gratitud que expresaba al inicio del día.

Ser yo mismo

Entonces Jehová Dios formó al hombre del polvo de la tierra, y sopló en su nariz aliento de vida, y fue el hombre un ser viviente.

GÉNESIS 2:7

Tu mano formó el aspecto físico del hombre. Tu aliento entró en él y lo convirtió en un ser viviente. Ayúdame a adoptar ese aliento de vida, ese espíritu viviente que reside en mi interior. Has creado seres activos y maravillosos y los has hecho tus hijos.

Podrías haber decidido que todos luciéramos iguales, actuáramos de la misma manera y siguiéramos un solo camino, pero no lo hiciste. En cambio, creaste a cada uno como un individuo. Soplaste vida en nuestros pulmones y en nuestras almas, y nos convertimos en seres únicos. Señor, gracias por permitirme ser yo mismo.

CONFIANZA

Comparte la carga

Esperad en él en todo tiempo, oh pueblos; derramad delante de él vuestro corazón; Dios es nuestro refugio.

SALMO 62:8

Señor, hoy te entrego las preocupaciones que hay en mi corazón. Tú conoces el peso con que estoy cargando en este momento. Estas preocupaciones ocupan un lugar importante en mi mente y hacen que el momento en que me despierto esté plagado de ansiedad. Creo que eres mi Refugio. Lo creo. Simplemente no te he permitido cumplir ese papel en lo que respecta a esta preocupación. ¿Por qué impido que esto suceda?

Quiero confiar en ti con cada fibra de mi ser. Ayúdame a soltar los asuntos insignificantes. Y permíteme entregarte los asuntos de gran importancia y peso espiritual a ti, mi Proveedor, mi Señor y mi Roca.

Confiar en Dios

> Pero tuvimos en nosotros mismos sentencia de muerte, para que no confiásemos en nosotros mismos, sino en Dios que resucita a los muertos...
>
> 2 Corintios 1:9

Señor, cuando reflexiono acerca de mi humanidad y mortalidad, me resulta fácil estresarme por mis limitaciones. Los que me rodean buscan maneras de alcanzar la vida eterna, pero se pierden la verdad de tu regalo. Estoy muy agradecido por haber recibido a tu Hijo y la eternidad. Ahora guíame para que pueda confiar en este regalo. Dame la seguridad de que el día de hoy se trata acerca de mi vida en la tierra y de que tu plan para mañana ya está en proceso.

Dios, confío en tu provisión para cada día. Recuérdale a mi espíritu que también debe confiar en que Tú me provees la vida eterna.

No hay nada que pueda detenerme

No tendrá temor de malas noticias; su corazón está firme, confiado en Jehová.

SALMO 112:7

Señor, últimamente estuve esperando que sucedieran cosas malas. Tuve que enfrentar algunas dificultades y ahora siento temor de poner mi futuro en tus manos. Mi cuerpo está tenso porque siente que se avecinan más adversidades en lugar de bendiciones.

El mundo me dice que las luchas son una señal de debilidad o el fruto del fracaso. Pero debido a que te conozco a ti y a que conozco tus caminos, entiendo que las pruebas son bendiciones. Dependo de ti y eso me da una vida de libertad. Seguiré adelante. Confío en tu voluntad, Señor.

La verdad deriva en confianza

[El amor] no se goza de la injusticia, mas se goza de la verdad. Todo lo sufre, todo lo cree, todo lo espera, todo lo soporta.

1 CORINTIOS 13:6-7

Dios, ayúdame a representarte con la verdad en las relaciones con los demás. Quiero que mi familia pueda confiar plenamente en mí. Oro para que siempre sea capaz de protegerlos, darles esperanza y guiarlos en los tiempos difíciles con la ayuda de tus fuerzas. Que cuando se acerquen a mí para buscar consuelo, pueda dirigirlos hacia tu esperanza.

No conozco otra manera de vivir la vida que seguirte a ti cada día. Tú guías mis pasos. A veces, estos pasos son solo para mí; pero, en ocasiones, estos pasos marcan el camino para otras personas. Señor, oro para que encuentres en mí un corazón confiado y un espíritu dispuesto.

HOMBRÍA VERDADERA

Aprender de los demás

De dieciséis años era Uzías cuando comenzó a reinar,
y cincuenta y dos años reinó en Jerusalén. El nombre de su madre fue Jecolías, de Jerusalén. E hizo lo
recto ante los ojos de Jehová, conforme a todas las
cosas que había hecho Amasías su padre. Y persistió
en buscar a Dios en los días de Zacarías, entendido
en visiones de Dios; y en estos días en que buscó a
Jehová, él le prosperó.

2 Crónicas 26:3-5

Te pido que pueda comprender la importancia de ser
un hombre..., un hombre de Dios. Me acerco a ti con
mis necesidades, alabanzas y acción de gracias. Sin
embargo, a veces sigo ejemplos que no te agradan.
Hay muchas imágenes y muchos ídolos que alejan mis
buenas intenciones de tu voluntad y me llevan a creer
en verdades falsas.

Ayúdame a elegir a un hombre santo para que
sea mi mentor. Dame discernimiento para sopesar las
elecciones que debo tomar. Guíame para que pueda
leer las palabras escritas por hombres de Dios, escuchar sus enseñanzas e imitar su vida recta y santa.

ʃʃira a mi Padre

Este es el libro de las generaciones de Adán. El día en que creó Dios al hombre, a semejanza de Dios lo hizo.

GÉNESIS 5:1

Señor, ¿qué parte de mi ser es semejante a ti? A lo largo del día, ¿hay momentos en los cuales tu luz brilla a través de mí? Oro para que así sea. ¿Mis esfuerzos por tener éxito como un hombre me han apartado de los caminos de mi Padre? Señor, guíame de regreso al camino. Acepto el desafío de ser más como Tú en todo sentido.

En este momento, necesito paciencia y comprensión. Necesito la seguridad del amor de mi Padre. Me has bendecido de muchas maneras. Permíteme contar esas bendiciones y orar por mi vida para que la seguridad de tu amor inunde mi corazón. Gracias por cuidar de mí, por haberme creado y por haber dado a tu hijo como modelo de hombría y santidad.

Soy un hijo

Y por cuanto sois hijos, Dios envió a vuestros corazones el Espíritu de su Hijo, el cual clama: ¡Abba, Padre! Así que ya no eres esclavo, sino hijo; y si hijo,
también heredero de Dios por medio de Cristo.

GÁLATAS 4:6-7

¡Cuánto anhelo parecerme a mi Padre celestial! Señor, cuando formabas al hombre y a la mujer, ¿qué
deseabas para tus hijos? Quiero que mi vida sea agradable a tus ojos. Quiero caminar y hablar con la gracia
y la sabiduría de *Abba*. Abre mis ojos para mostrarme
que puedo parecerme más a ti en los momentos de reposo, en los momentos de interacción y cuando voy a
tomar decisiones.

Mi padre terrenal me enseñó muchas cosas. A
medida que crezco en mi vida adulta, recurro a ti para
que me enseñes los caminos del cielo y de la santidad.

Cuidar de mi vida

Hazme saber, Jehová, mi fin, y cuánta sea la medida de mis días; sepa yo cuán frágil soy. He aquí, diste a mis días término corto, y mi edad es como nada delante de ti; ciertamente es completa vanidad todo hombre que vive.

SALMO 39:4-5

Dios, es asombroso poder descansar en la certeza de que mi vida es apenas un suspiro dentro de tu plan eterno. Encuentro paz en ello. Significa que mis días son parte de un plan más grande. Soy insignificante en comparación con tu grandeza, pero soy insignificante porque soy tuyo. Mis días son importantes para el desarrollo de la humanidad. La historia y el futuro de mi familia están conectados con tu plan maestro.

Cada vez que respiro, lléname con el deseo de cuidar de mi vida. Quiero considerarla valiosa y significativa. Muéstrame qué debo hacer para agradarte, Señor, con todo lo que tengo y con todo lo que soy.

VOCACIÓN

Planes futuros

Porque somos hechura suya, creados en Cristo Jesús para buenas obras, las cuales Dios preparó de antemano para que anduviésemos en ellas.

EFESIOS 2:10

Mis manos ya no funcionan como antes. Mi rostro muestra el desgaste de los últimos años. Mi voz está acostumbrada a alabarte. Tú conoces y ves todo esto porque me creaste con tus manos. Mi corazón late al ritmo que Tú has diseñado. Úsame, Señor, guíame hacia las buenas obras que deseas encomendar a tu hijo.

Cuando me formaste, me diste planes para el futuro que son una bendición. No quiero perderme ninguna de las novedades, las oportunidades o las bendiciones emocionantes que tienes preparadas para mí. Señor, si me resisto a seguirte, cambia mi mente y corazón. Acerca mi espíritu a tu Espíritu para que pueda caminar en comunión con Cristo.

Muéstrame el propósito

Así que ni el que planta es algo, ni el que riega, sino Dios, que da el crecimiento. Y el que planta y el que riega son una misma cosa; aunque cada uno recibirá su recompensa conforme a su labor. Porque nosotros somos colaboradores de Dios, y vosotros sois labranza de Dios, edificio de Dios.

1 Corintios 3:7-9

Muéstrame el propósito, Señor. Cuando esté de camino al trabajo o de regreso a casa, lléname de tu sabiduría. Señor, cuando estoy en el centro de tu voluntad, lo puedo sentir. No significa que todo marche bien. De hecho, he notado que mi confianza se fortalece durante las pruebas. No me permitas renunciar al llamado que has preparado para mí.

Que cuando trabaje con otras personas, reflexione acerca de su propósito y su contribución. Que los reconozca por sus buenas obras y te agradezca a ti por su esfuerzo. Todos somos parte del cuerpo que Tú formaste. Fuimos llamados a encontrar el camino de rectitud e integridad con la guía de Cristo. Este será mi objetivo y mi compromiso contigo, Señor.

El premio a la vista

Hermanos, yo mismo no pretendo haberlo ya alcanzado; pero una cosa hago: olvidando ciertamente lo que queda atrás, y extendiéndome a lo que está delante, prosigo a la meta, al premio del supremo llamamiento de Dios en Cristo Jesús.

FILIPENSES 3:13-14

Recientemente, visité mi pasado. Durante varios días, cargué con remordimientos que creía que ya te había entregado a ti hace mucho tiempo. No quiero pasar tiempo con estos fantasmas, Señor. Quiero dejar el pasado atrás y proseguir hacia la meta con propósito.

Sé que no puedo avanzar a la siguiente etapa de mi vida si antes no suelto las preocupaciones del pasado y te las entrego a ti. No pienso que mi fe sea como un sistema de premios o beneficios, pero sí veo el premio de la eternidad que está delante. Brilla y refleja tu radiante gracia. Esta me inspira a permanecer firme, diligente y consciente de tu llamado todos los días.

El trabajo de la santidad

... como hijos obedientes, no os conforméis a los deseos que antes teníais estando en vuestra ignorancia; sino, como aquel que os llamó es santo, sed también vosotros santos en toda vuestra manera de vivir; porque escrito está: Sed santos, porque yo soy santo.

1 Pedro 1:14-16

La santidad implica trabajo. Fui perdonado por tu gracia. No hice nada para merecer ese regalo. Pero la búsqueda de la santidad no es una tarea fácil. Me estoy deshaciendo de las áreas de mi vida que son contrarias a este propósito. Tuve que alejarme de socios que me abatían. Me revelaste un pecado en mi vida que impedía mi crecimiento. Comienzo a comprender que, sin duda alguna, esta búsqueda implicará esfuerzo.

Ayúdame a mantenerme puro y con energía, Señor. Quiero estar a la altura de las circunstancias y preparado para los desafíos que pongas en mi camino.

LIBERTAD

———◈———

Estoy atascado

Escucha mi clamor, porque estoy muy afligido. Líbrame de los que me persiguen, porque son más fuertes que yo. Saca mi alma de la cárcel, para que alabe tu nombre...

SALMO 142:6-7

Es posible que mis enemigos no se parezcan a los guerreros de la Biblia, pero tengo enemigos. Atacan mi tiempo, mi bienestar, mi felicidad. La búsqueda de dinero, los celos, la ambición ciega, las charlas imprudentes: estos enemigos acechan mi espíritu y lo agotan. Siento una opresión en mi pecho. Algunos de estos enemigos eran tan cercanos que parecían mis amigos, por lo cual es difícil alejarme de ellos. Me doy cuenta de que todavía no me alejé lo suficiente y de que soy vulnerable.

Señor, ayúdame a usar tus fuerzas para luchar contra estos enemigos encubiertos. Ármame con tu palabra, tu verdad y tu paz. Alabaré tu nombre.

El peligro de desear

Sean vuestras costumbres sin avaricia, contentos con lo que tenéis ahora; porque él dijo: No te desampararé, ni te dejaré...

HEBREOS 13:5

Si alguien me preguntara directamente: "¿Cambiarías la seguridad de la presencia de Dios por la seguridad de muchas riquezas?", diría que no. Sin embargo, Señor, noto que las decisiones que tomo a diario reflejan lo contrario a ese *no* categórico. No estoy satisfecho con mi vida en la actualidad. Me disgusto con facilidad cuando se frustran mis planes para obtener dinero y bienes.

Dios, dirige mis decisiones y mi corazón para que mi vida sea acorde con tu voluntad. Encontraré la paz solo cuando me libere de la carga que representa la acumulación material y la ponga en tus manos. Permíteme descubrir el gozo de lo que Tú quieres para mi vida.

No está a la venta

Y el Espíritu y la Esposa dicen: Ven. Y el que oye,
diga: Ven. Y el que tiene sed, venga; y el que quiera,
tome del agua de la vida gratuitamente.

APOCALIPSIS 22:17

En una cultura de comparación y concesiones es fácil cuestionar el regalo de la vida eterna. Perdón, Señor, pero es difícil ofrecerlo sin que ello despierte escepticismo. Nos han entrenado para que dudemos de lo que parece demasiado bueno como para ser cierto. Y el regalo de la vida es exactamente eso. Nos olvidamos de que Tú no eres demasiado bueno como para ser cierto: Tú eres el Espíritu de la benignidad, el Creador de la bondad y la misericordia.

Dios, ayúdame a demostrarles a los demás que tu regalo es real. Si no ven pruebas de tu salvación en mi vida, cuestionarán la autenticidad de mis afirmaciones. Quiero ser una persona que invite a los demás a beber de tu misericordia sin tener que ofrecerles nada a cambio.

La prisión del juicio

No juzguéis, y no seréis juzgados; no condenéis, y no seréis condenados; perdonad, y seréis perdonados. Dad, y se os dará; medida buena, apretada, remecida y rebosando darán en vuestro regazo; porque con la misma medida con que medís, os volverán a medir.

LUCAS 6:37-38

Señor, ¿cuándo me diste la responsabilidad de juzgar a mis hermanos en Cristo? Nunca. Ya me parecía. Entonces, ¿por qué pretendo presentarme con superioridad moral frente a los demás? De todas maneras, Dios, me siento muy solo cuando lo hago. No quiero estar ansioso por derribar a otro hijo de Dios. Quiero ayudar a edificar tu reino.

Libérame de la prisión del juicio para que pueda recibir tu gracia y compartirla. Quiero dar a los demás una buena medida de gracia para recibir a cambio esa misma medida de gracia de parte de tu corazón.

PATERNIDAD

Un Dios para todas las generaciones

Esté con nosotros Jehová nuestro Dios, como estuvo con nuestros padres, y no nos desampare ni nos deje. Incline nuestro corazón hacia él, para que andemos en todos sus caminos, y guardemos sus mandamientos y sus estatutos y sus decretos, los cuales mandó a nuestros padres.

1 Reyes 8:57-58

Eres el Dios de mi padre y de los hombres de mi vida que considero mis mentores. Gracias por el regalo de la salvación que me relaciona con las generaciones pasadas. Al reflexionar acerca de mi linaje, noto que no es la sangre de mi familia la que me da una identidad, sino la sangre de Cristo.

Dios, dame un corazón que lata por ti con tal fuerza y pureza que resuene en mis hijos. Que mi legado sea un legado de fe. Ordena mis prioridades a fin de que mis niños se sientan valorados y amados, para que pueda mostrarles cómo se siente ser tu hijo.

Una elección diaria

Por tanto, pondréis estas mis palabras en vuestro corazón y en vuestra alma, y las ataréis como señal en
vuestra mano, y serán por frontales entre vuestros
ojos. Y las enseñaréis a vuestros hijos, hablando de
ellas cuando te sientes en tu casa, cuando andes por
el camino, cuando te acuestes, y cuando te levantes...

DEUTERONOMIO 11:18-19

Señor, ser un buen padre es una elección diaria o, mejor dicho, una secuencia de elecciones. Practico el arte
de la paciencia, la ciencia de la disciplina y la habili-
dad forzada de hacer muchas cosas al mismo tiempo
antes de poder desayunar. Confío en la sabiduría de tu
palabra y por medio de esta me mostrarás cómo inte-
ractuar con mis hijos de una manera agradable para
ti. Comparto versículos con ellos para que puedan
comprender la Fuente de mi conocimiento y mi paz.

Tanto ser un padre como ser un hijo de Dios exi-
gen el mismo grado de atención y prioridad. Mi diligencia para crecer en la fe tiene un efecto directo
sobre mi esfuerzo por criar a mis hijos. Dios, gracias
por el modelo que me das con tu amor paternal.

Permanecer en pureza

En la integridad de mi corazón andaré en medio de mi casa. No pondré delante de mis ojos cosa injusta.

SALMO 101:2-3

Mantenme puro, Señor. En la actualidad, existen muchas distracciones en el mundo. Los vicios de distintas personas se presentan no solo como aceptables, sino como saludables. Hay una diferencia abismal entre los estándares de la sociedad y los tuyos. Ayúdame a cuidar mi corazón y mi vida de los deseos pecaminosos para que pueda entrar a casa y volver con mi familia con un espíritu limpio y justo.

Edificar una familia requiere mucha confianza. Señor, que mi familia pueda confiar que siempre seré un hombre íntegro, vulnerable y honesto. Al escuchar mis pedidos de perdón, Señor, protégeme para que pueda permanecer libre de culpa y digno de mi familia amorosa.

Enseñanza en equipo

Y todos tus hijos serán enseñados por Jehová; y se multiplicará la paz de tus hijos.

ISAÍAS 54:13

Dios, durante un momento de la semana pasada sentí que no era el adecuado para guiar a mis hijos a lo largo de la vida. Hay muchas cosas que no entiendo acerca del mundo y acerca de cómo Tú obras en el mundo. Esta es una pregunta que me preocupó: ¿y si necesitan respuestas o un tipo de ayuda que yo no puedo brindarles?

Luego me recordaste que Tú también te interesas por la vida de mis hijos. Mis hijos son tus hijos. Tu interés por su sabiduría y su plenitud supera al mío. No me corresponde ser su único maestro, sino guiarlos en todos sus caminos hacia ti, el Creador y el Maestro de todas las cosas buenas.

INTEGRIDAD

Vive y aprende

El que tiene en poco la disciplina menosprecia su alma; mas el que escucha la corrección tiene entendimiento. El temor de Jehová es enseñanza de sabiduría; y a la honra precede la humildad.

PROVERBIOS 15:32-33

Señor, que mi corazón esté abierto a las correcciones. Cuando recibo dirección justa de parte de otra persona, me pongo a la defensiva o me avergüenzo. Intento no decir nada sobre mis sentimientos, pero luego reflexiono acerca de esa sensación de fracaso en lugar de pensar en las herramientas que se me han encomendado para que pueda hacer un mejor trabajo. Ayúdame a confiar en que tu mano está sobre mí y sobre la situación para que pueda ser receptivo a las lecciones que me estás enseñando.

Dios, quiero ser un hombre humilde con integridad en todas las áreas de mi vida. Que esté tan deseoso de recibir instrucción como de recibir elogios. La próxima vez que esté atravesando esta situación, me apoyaré en ti para recibir fuerzas.

No alimentar el ego

Comer mucha miel no es bueno, ni el buscar la propia gloria es gloria. Como ciudad derribada y sin muro es el hombre cuyo espíritu no tiene rienda.

PROVERBIOS 25:27-28

Oh, Señor, oro para que siempre que experimente el éxito de distintas maneras te dé la gloria a ti. Ayúdame a mantener la calma, a no sentir orgullo ni falsa importancia. Es fácil alimentarnos de la dulzura de los elogios en lugar de hacerlo de los duros frutos de tus verdades.

Dios, aumenta mi dominio propio para que esté protegido del deseo de inflar mi ego con palabras vacías. Oro para que me veas como una persona determinada e íntegra. Que el origen de mi honor sea mi relación con el Rey de reyes.

Avanzar hacia el bien

Porque sol y escudo es Jehová Dios; gracia y gloria dará Jehová. No quitará el bien a los que andan en integridad.

SALMO 84:11

Dios, dador de toda buena dádiva, eres la Fuente de la gracia que fluye por mis venas y me da la vida. Tus fuerzas me llevan hacia el bien. Mi intención es mantener la cabeza en alto, no por orgullo, sino por el honor que proviene de una vida de fe.

Que me mantenga actuando acorde con tu voluntad. Empújame, llévame y guíame hacia el futuro que tienes preparado para mí. El hecho de que no me acerque a las bendiciones no significa que Tú las retengas, sino que yo no he avanzado hacia tu voluntad. No me permitas desviarme del bien que me espera, Señor.

ÉXITO

El dinero frente al valor

Pues ¿qué aprovecha al hombre, si gana todo el mundo, y se destruye o se pierde a sí mismo?

Lucas 9:25

Señor, descubrí que al planificar cómo podría multiplicar mi dinero en el curso de los años, no pensé ni siquiera una vez acerca de tu provisión y tu plan. Ayúdame a encontrar un equilibrio mientras voy en búsqueda del éxito. Muéstrame tu definición de éxito en la vida para que no equipare mis ganancias y mis inversiones futuras con el valor verdadero.

He visto cómo el dinero destruye a las personas. Dios, no me permitas descansar en la seguridad monetaria. Tú eres mi Proveedor y el Creador de mi estrategia de vida. Que me emocione al imaginar cómo se multiplicarán mis bendiciones cuando aprenda a confiar en ti.

Tomar el camino correcto

Porque mis pensamientos no son vuestros pensamientos, ni vuestros caminos mis caminos, dijo Jehová. Como son más altos los cielos que la tierra, así
son mis caminos más altos que vuestros caminos, y
mis pensamientos más que vuestros pensamientos.

ISAÍAS 55:8-9

Últimamente, es como si viera la vida desde una trinchera. Señor, sácame de allí y eleva mis pensamientos
a un nivel más alto para que pueda ver la vida como
Tú la ves. Lo que comenzó como un surco se convirtió
en un abismo que limitó mi capacidad de triunfar y
caminar en tu voluntad. Perdóname por pensar que
las paredes de la trinchera pueden limitar tu poder.
Me olvidé de que Tú eres Dios.

Cuando me lleves a mi casa en el cielo, ya conoce-
ré la sensación de sobreponerme a mis circunstancias
humanas porque hoy me levantaste y me demostras-
te, una vez más, que Tú eres mi Dios.

La práctica hace al maestro

Pues si en las riquezas injustas no fuisteis fieles,
¿quién os confiará lo verdadero? Y si en lo ajeno no
fuisteis fieles, ¿quién os dará lo que es vuestro?

LUCAS 16:11-12

Durante los primeros años de mi etapa adulta, no fui
un buen administrador, Señor. Me has dado muchas
bendiciones, oportunidades y elementos valiosos que
desperdicié o de los cuales abusé. Después sufrí por
años la necesidad y el arrepentimiento. Ahora puedo
ver tu mano que me guía hacia el éxito y la posesión.
No me has llamado a tener grandes riquezas, pero
ahora comprendo cómo debo administrar cada una
de mis bendiciones.

Dios, ayúdame a buscar consejos sabios en lo que
respecta al dinero y a los bienes para que pueda servirte a ti y servir a tu cuerpo con tales bendiciones.
Y que siempre busque tu consejo cuando deba tomar
decisiones relacionadas con la bendición más importante: el regalo de la vida.

Edificar una vida

Ahora pues, hijo mío, Jehová esté contigo, y seas prosperado, y edifiques casa a Jehová tu Dios, como él ha dicho de ti. Y Jehová te dé entendimiento y prudencia, para que cuando gobiernes a Israel, guardes la ley de Jehová tu Dios.

1 Crónicas 22:11-12

Escuché a muchos oradores que hablan acerca del éxito y la administración de las prioridades en la vida. Los que ejercen la mayor influencia sobre mi vida son aquellos que, sin saberlo, toman material prestado de la verdadera fuente: Tú y tu palabra. Incluso las personas que no son cristianas comprenden la importancia de sentar bases sólidas a fin de llevar una vida sólida.

Dios, que mi vida sea casa del Señor. Guíame para que use materiales fuertes y nobles y para que siga tus instrucciones en cada paso. El proceso implica determinación, oración y sudor. Sin embargo, como mi piedra angular es Cristo, vale la pena vivir esta vida.

FUERZA VERDADERA

Ceder y fortalecerse

Y amarás a Jehová tu Dios de todo tu corazón, y de
toda tu alma, y con todas tus fuerzas.

DEUTERONOMIO 6:5

Una vez, cuando era joven, comparé el amor con la
debilidad. Creo que eso surgió de la idea de estar per-
didamente enamorado. Pero encontrar y aceptar tu
amor, Dios, cambió la manera en que veo el amor humano.

Cuando cedí el control y me entregué a tu amor,
comencé a sentir fuerza verdadera en mi vida. Abrir
mi corazón y mi alma a tu amor me permitió apoyar-
me en tu entendimiento y en tu voluntad. Debilidad
es pararse solo sin una estructura de fe. Gracias por
darme una nueva definición de fuerza y ayudarme a
comprenderla.

La debilidad funciona

Así que, hermanos, cuando fui a vosotros para anunciaros el testimonio de Dios, no fui con excelencia de palabras o de sabiduría. Pues me propuse no saber entre vosotros cosa alguna sino a Jesucristo, y a este crucificado. Y estuve entre vosotros con debilidad, y mucho temor y temblor; y ni mi palabra ni mi predicación fue con palabras persuasivas de humana sabiduría, sino con demostración del Espíritu y de poder, para que vuestra fe no esté fundada en la sabiduría de los hombres, sino en el poder de Dios.

1 CORINTIOS 2:1-5

Las personas temen hablar en público, y no las culpo, Señor. Pareciera que no hay nada peor que titubear mientras muchos ojos te miran fijamente. Necesito pensar en mi condición de humilde mensajero en esta vida. Tú podrás hablar por medio de mis palabras y mis acciones si me entrego por completo a ti.

Aceptaré el papel del mensajero y diré lo que deba decir de manera humana e imperfecta porque Tú te haces fuerte en mi debilidad. Mi humanidad permite que brille tu divinidad.

Él es fuerte

Y me ha dicho: Bástate mi gracia; porque mi poder se perfecciona en la debilidad. Por tanto, de buena gana me gloriaré más bien en mis debilidades, para que repose sobre mí el poder de Cristo. Por lo cual, por amor a Cristo me gozo en las debilidades, en afrentas, en necesidades, en persecuciones, en angustias; porque cuando soy débil, entonces soy fuerte.

2 Corintios 12:9-10

Yo soy débil, pero Tú eres fuerte. Sí, Jesús me ama y yo lo amo a Él. Aunque contar con un listado interminable de debilidades no es reconfortante, finalmente entiendo por qué yo soy humano y Tú eres Dios. No me gusta que mis fracasos llamen la atención, pero aprendí a entregártelos a ti para que a través de ellos demuestres tu poderío.

Señor, gracias por haberme dado la libertad de tener una identidad en ti. Esto me permite mostrar mis debilidades, darte el crédito por los momentos en que tengo fuerzas y dirigir la atención hacia tu gracia. No se trata de mí, sino del trabajo que Tú haces por medio de mí.

Tengo el poder

... para que andéis como es digno del Señor, agradándole en todo, llevando fruto en toda buena obra, y creciendo en el conocimiento de Dios; fortalecidos con todo poder, conforme a la potencia de su gloria, para toda paciencia y longanimidad; con gozo dando gracias al Padre que nos hizo aptos para participar de la herencia de los santos en luz.

COLOSENSES 1:10-12

Dios, te alabo por la vida que me has dado. Si doy fruto, esto se debe a que tu poder me ha dado la capacidad de hacer el bien. Si hay cosechas agradables en mi vida, tengo energía y salud en mi cuerpo y en mi espíritu. Siento tu poder moviéndose en mi interior y en mis circunstancias a fin de que tu plan se cumpla.

Mi herencia es un paisaje con cosechas abundantes. Y en tiempos de sequía, no necesito preguntar si debo continuar trabajando en los campos. Tú me has llamado a ser fuerte, pero no a ser fuerte mientras estoy solo porque tu poder actúa en mi vida y me acompaña en cada etapa.

ADMINISTRACIÓN

Se trata de la casa

... que gobierne bien su casa, que tenga a sus hijos en sujeción con toda honestidad (pues el que no sabe gobernar su propia casa, ¿cómo cuidará de la iglesia de Dios?)...

1 TIMOTEO 3:4-5

Dios: la familia es la medida del éxito verdadero. La manera en que vivo con mi familia y para ella está relacionada directamente con el éxito que tengo en las otras áreas. Si alcanzo muchos logros en el mundo de los negocios, pero no tengo el respeto de mis hijos, no soy un hombre importante, sino un fracasado. Dios, perdóname si en algún momento sentí la tentación de elegir el éxito terrenal frente al bienestar de mi familia.

Oro por mis amigos que tienen problemas en su vida familiar. Esto quizá les dé un aliciente en el trabajo. Sin embargo, los esfuerzos de sus manos y su mente se convierten en un castillo de naipes en lugar de convertirse en una importante ofrenda de piedra. Señor, anímame a mí y anima a mis amigos a ordenar nuestras prioridades y a administrar nuestra casa de una manera agradable a tus ojos.

Si me pudieran ver ahora

Porque aunque estoy ausente en cuerpo, no obstante en espíritu estoy con vosotros, gozándome y mirando vuestro buen orden y la firmeza de vuestra fe en Cristo.

COLOSENSES 2:5

Dios, si mis mentores y motivadores del pasado pudieran ver mi vida actual, ¿estarían contentos? ¿Se complacerían al ver cómo administro mi casa, mi trabajo, mis relaciones? Oro para poder ver mi vida desde fuera para detectar las áreas en las que más te necesito.

Oro para que me vida esté en orden. Al orar por esta estructura, también oro que esté dispuesto a cambiar el rumbo de inmediato si no estoy actuando según tu voluntad. A aquellos que impactaron mi vida en el pasado no les gustaría que priorizara mis planes frente a los tuyos. Deseo agradarte, Señor.

Elígeme a mí

Y dijo el Señor: ¿Quién es el mayordomo fiel y prudente al cual su señor pondrá sobre su casa, para que a tiempo les dé su ración? Bienaventurado aquel siervo al cual, cuando su señor venga, le halle haciendo así.

Lucas 12:42-43

Es cierto, Señor. Sé que quien mucho abarca poco aprieta. Los éxitos se me suben a la cabeza tan rápidamente que olvido agradecerte por el logro y preguntarte cómo usarlo. Oro para que comprendas mi disposición para lograr cosas. Oro para que veas más allá de mi impaciencia infantil y notes mi potencial para servirte.

Me fijaré en las obras que te agraden a ti. No necesito ganarme tu gracia, Señor, pero quiero ser merecedor del momento en que me encomiendes una responsabilidad. Que si me confías una oportunidad de hacer el bien, no te decepcione.

Parte de un todo

Además, el cuerpo no es un solo miembro, sino muchos. Si dijere el pie: Porque no soy mano, no soy del cuerpo, ¿por eso no será del cuerpo? Y si dijere la oreja: Porque no soy ojo, no soy del cuerpo, ¿por eso no será del cuerpo? Si todo el cuerpo fuese ojo, ¿dónde estaría el oído? Si todo fuese oído, ¿dónde estaría el olfato? Mas ahora Dios ha colocado los miembros cada uno de ellos en el cuerpo, como él quiso.

1 Corintios 12:14-18

Dios, los mejores administradores son aquellos que reconocen el valor y las contribuciones de los que están a su cargo. Los mejores instructores son aquellos que identifican y aprovechan las fortalezas de cada uno de los miembros del equipo. Dame esta mentalidad cuando deba pastorear un grupo. Cuando esté sirviendo en un comité de la iglesia o participando en una conversación en el trabajo, permíteme ver el valor de cada una de las personas allí presentes.

Señor, Tú ves la belleza y la originalidad de cada uno de nosotros. Que cuando mire a otra persona a los ojos, lo haga con tus ojos.

LIDERAR

El camino eterno

Examíname, oh Dios, y conoce mi corazón; pruéba-
me y conoce mis pensamientos; y ve si hay en mí camino de perversidad, y guíame en el camino eterno.

SALMO 139:23-24

Señor, ¿te ofendo de alguna manera? Cuando leo el
Antiguo Testamento, veo que tus seguidores deseaban que examinaras su corazón y les indicaras sus
malos caminos. Ayúdame a tener esa disposición,
Dios. Estoy reacio a conocer mis faltas, por lo tanto, es
difícil pedirte que las hagas evidentes. Sin embargo,
quiero ser un siervo sano e informado para dejarme
guiar.

Entonces guíame, Señor, al camino eterno. Durante el viaje, revélame los secretos de mi corazón que
ni siquiera yo conozco. Revélame los pecados que me
impiden vivir mejores días.

Seguir al líder

Enséñame a hacer tu voluntad, porque tú eres mi Dios; tu buen espíritu me guíe a tierra de rectitud.

SALMO 143:10

Señor, cuando me guíes, te seguiré. Oro para que me lleves de mi camino, que es una pendiente resbaladiza, a tu voluntad, que es un paisaje nivelado. Quiero buscar tu enseñanza todos los días.

Que pueda comprender con facilidad las enseñanzas que tienes para mí. Cuando pueda aprender de mi pasado, ayúdame a reflexionar sobre esos momentos y a sanar para poder lograr estar completo, sano y preparado para recibir lo que tienes por delante.

El precio

> Y decía a todos: Si alguno quiere venir en pos de mí, niéguese a sí mismo, tome su cruz cada día, y sígame. Porque todo el que quiera salvar su vida, la perderá; y todo el que pierda su vida por causa de mí, este la salvará.
>
> LUCAS 9:23-24

Señor, me pides que abandone mi egoísmo y tome mi cruz para seguirte. En los tiempos actuales es difícil comprender esto. En mi vida, "seguir" puede implicar poco compromiso. Sigo ciertas tendencias y luego pierdo el interés en ellas. Sigo a un equipo deportivo de primera línea hasta que se termina la temporada. Sigo las enseñanzas de mi juventud hasta que estas entran en conflicto con los deseos de mi vida adulta.

Pero ser uno de tus hijos es una decisión que concierne a mi pasado, mi presente y mi eternidad. Tu misericordia me llama y me inspira a negarme a mí mismo. No se trata de un interés temporal, sino de una búsqueda apasionada.

Un comportamiento ejemplar

Vestíos, pues, como escogidos de Dios, santos y amados, de entrañable misericordia, de benignidad, de humildad, de mansedumbre, de paciencia; soportándoos unos a otros, y perdonándoos unos a otros si alguno tuviere queja contra otro. De la manera que Cristo os perdonó, así también hacedlo vosotros.

COLOSENSES 3:12-13

Dios, cuando me rodeas de otras personas, tengo la oportunidad de ser un buen ejemplo..., un ejemplo de ti. Dame un corazón misericordioso y bondadoso para que pueda alcanzar a los demás con tu amor. Bendíceme con paciencia y amabilidad para que pueda ser un reflejo de tu ternura. Y humíllame frente a los hombres para que Tú seas exaltado.

Cuando mi orgullo o mis planes no me permitan expresar tus sentimientos hacia la humanidad, corrígeme. Convence a mi espíritu de pecado para que pueda arrepentirme. Y contigo como testigo, que pueda vivir con un espíritu de perdón para ser ejemplo de tu mejor regalo.

MATRIMONIO

Conservar la fe

Y esta otra vez haréis cubrir el altar de Jehová de lágrimas, de llanto, y de clamor; así que no miraré más a la ofrenda, para aceptarla con gusto de vuestra mano. Mas diréis: ¿Por qué? Porque Jehová ha atestiguado entre ti y la mujer de tu juventud, contra la cual has sido desleal, siendo ella tu compañera, y la mujer de tu pacto.

MALAQUÍAS 2:13-14

Señor, Tú examinas mi matrimonio para ver si es santo y agradable. Tienes en cuenta mi manera de actuar para con mi esposa y consideras que esta unión es sagrada. Cuando no cuido a mi esposa de la manera en que debería, Tú no deseas escuchar mis súplicas por atención o por plenitud. Si avergüenzo a mi hogar, te avergüenzo a ti.

Crea en mí un espíritu generoso y edificante para con mi esposa. Que la respete, la ame y que celebre su vida. Guarda mi corazón para que nunca ponga en riesgo esta relación. Que cuando me mires, Señor, mis palabras y mis acciones reflejen fidelidad hacia ti y hacia la mujer de mi juventud.

Ayuda idónea

Maridos, amad a vuestras mujeres, así como Cristo
amó a la iglesia, y se entregó a sí mismo por ella, para
santificarla, habiéndola purificado en el lavamiento
del agua por la palabra, a fin de presentársela a sí
mismo, una iglesia gloriosa, que no tuviese mancha
ni arruga ni cosa semejante, sino que fuese santa y
sin mancha.

EFESIOS 5:25-27

Dios, creaste a Eva para que fuera la ayuda idónea
de Adán. Viste que Adán nunca podría alcanzar la
plenitud ni sentirse realizado sin la mujer diseñada
para completarlo. Gracias, Señor, por haber establecido esta relación. Oro para que continúe siendo fiel a
mi esposa, mi compañera, y que la ame sin reservas.

Oro para poder ser un hombre atento y cariñoso.
Señor, que nunca conduzca a mi esposa al pecado.
Que mi manera de actuar la conserve pura y radiante. Que mis palabras la animen y fortalezcan su fe
en ti. Guíame por tus sendas para que mi compromiso
sea honesto y nunca egoísta. Gracias por el amor de
mi vida.

Yo, mi esposa y Tú

Mejores son dos que uno; porque tienen mejor paga
de su trabajo. Porque si cayeren, el uno levantará
a su compañero; pero ¡ay del solo! que cuando caye-
re, no habrá segundo que lo levante. [...] Y si alguno
prevaleciere contra uno, dos le resistirán; y cordón
de tres dobleces no se rompe pronto.

ECLESIASTÉS 4:9-10, 12

Amado Señor, ayúdame a tomarme los votos y los la-
zos de mi matrimonio con seriedad. Esta decisión es
muy importante. Que pueda ver la importancia de
este compromiso con tus ojos. Pasé muchos días solo,
disfrutando de la soledad y la libertad de tomar decisiones que, aparentemente, solo me afectaban a mí.
Pero también pensaba en cuánto más fuerte me sen-
tiría al iniciar una relación sin fecha de vencimiento.

Cuando los maridos y las esposas permanecen su-
jetos a las cuerdas de tu corazón, estas se convierten
en líneas salvavidas bien seguras. Quiero que mi espíritu esté unido en matrimonio, en fe y en tu voluntad,
Señor.

CONEXIÓN

Malas conexiones

Nadie os prive de vuestro premio, afectando humildad y culto a los ángeles, entremetiéndose en lo
que no ha visto, vanamente hinchado por su propia
mente carnal, y no asiéndose de la Cabeza, en virtud
de quien todo el cuerpo, nutriéndose y uniéndose por
las coyunturas y ligamentos, crece con el crecimiento que da Dios.

COLOSENSES 2:18-19

A menudo, mi mente se separa de las acciones de mi
cuerpo, lo cual agranda aún más la distancia entre
mi voluntad y tu voluntad, Padre. Mi cabeza conoce
tus deseos, pero mi cuerpo se desconecta y sigue su
propia voluntad. Esta pérdida de conexión entre mi
entendimiento y mis acciones me arroja al pozo de la
frustración. La distancia entre Tú y yo continúa creciendo.

Dios eterno, oro por la restauración de mi relación
contigo. Dame la sabiduría espiritual para reclamar
esa gloriosa paz que surge al permanecer en tu voluntad.

Resurrección de la relación

Así también vosotros, hermanos míos, habéis muerto a la ley mediante el cuerpo de Cristo, para que seáis de otro, del que resucitó de los muertos, a fin de que llevemos fruto para Dios.

ROMANOS 7:4

La ley me hace notar reglas, reglas y más reglas que se deben obedecer. Me obsesioné tanto por obedecerlas y no romper ninguna de ellas que acabé por encerrarme en mí mismo. Me volví egocéntrico y descuidé mi relación con mi Señor. El dolor de mi corazón me hace desear los momentos en que tenía más esperanzas.

Oh, Señor, tu falta de egoísmo nos dio el poder de la resurrección en Jesús. Oro por una nueva conexión con mi Salvador. Lléname una vez más con la vida nueva de tu Espíritu y apártame de mis caminos egoístas.

Conexiones

Y de una sangre ha hecho todo el linaje de los hombres, para que habiten sobre toda la faz de la tierra; y les ha prefijado el orden de los tiempos, y los límites de su habitación; para que busquen a Dios, si en alguna manera, palpando, puedan hallarle, aunque ciertamente no está lejos de cada uno de nosotros. Porque en él vivimos, y nos movemos, y somos; como algunos de vuestros propios poetas también han dicho: Porque linaje suyo somos.

HECHOS 17:26-28

Cada día, cuando manejo hacia al trabajo, olvido prestarle atención a tu presencia en toda tu creación. ¿Cómo es posible que el resto de los conductores (en especial aquellos que golpean contra mi parachoques o cruzan con la luz amarilla) sean hijos de tu creación? ¿Por qué me siento tan desconectado de tus otros hijos? Olvido que cada uno de ellos fue creado a tu imagen y sus acciones me molestan. No paro para pensar que debería sentir compasión por ellos.

Señor de la creación y de la humanidad, le abro las puertas a la obra de tu Espíritu. Conéctame con todos tus hijos. Me dedicaré a apreciar tu toque en el mundo que me rodea. Con tus fuerzas, intentaré establecer una conexión con cada persona con la que me cruce hoy.

Comunión y fe

> ... lo que hemos visto y oído, eso os anunciamos, para que también vosotros tengáis comunión con nosotros; y nuestra comunión verdaderamente es con el Padre, y con su Hijo Jesucristo. Estas cosas os escribimos, para que vuestro gozo sea cumplido.
>
> 1 Juan 1:3-4

La Escritura me llama al gozo de la comunión con otras personas, Señor. Es muy fácil ocuparse de cosas insignificantes y desconectarse de los demás. Si tan solo pudiera comprender que no se puede vivir sin comunión, es decir, en soledad, y que esa no es tu intención para mi vida. Una existencia solitaria limitaría mi exposición a tu carácter y tu compasión, ya que Tú las expresas por medio de los integrantes del cuerpo de Cristo.

Dios, siento la necesidad de conectarme con otras personas y contigo. Oro para que me des las fuerzas para hacerlo. Te pido tu ayuda para fijar las prioridades del día de hoy para que pueda experimentar la comunión con otros creyentes. Que tenga plenitud de gozo.

PREOCUPACIÓN

Comparte la alegría

La congoja en el corazón del hombre lo abate; mas la buena palabra lo alegra.

PROVERBIOS 12:25

Dios mío y salvador mío, tiemblo atemorizado por lo que los demás piensan acerca de mí. Y cuando alguien expresa críticas respecto de mi persona, intento usar una máscara de indiferencia para esconder el desconcierto en mi interior. Si tan solo supieran los daños que sus palabras descuidadas provocan. Me acerco a ti con mi dolor, pero no puedo compartir mis sentimientos con nadie más.

Señor, sé que muchas veces hablo sin pensar y puedo ver la angustia en los ojos del otro. Ayúdame a encontrar palabras buenas y amables que alegren a los demás. Que entonces conozca la paz por medio de su gozo.

Darle un descanso a la duda

> Porque ¿qué tiene el hombre de todo su trabajo, y de
> la fatiga de su corazón, con que se afana debajo del
> sol? Porque todos sus días no son sino dolores, y sus
> trabajos molestias; aun de noche su corazón no re-
> posa. [...] No hay cosa mejor para el hombre sino que
> coma y beba, y que su alma se alegre en su trabajo.
> También he visto que esto es de la mano de Dios. [...]
> Porque al hombre que le agrada, Dios le da sabiduría,
> ciencia y gozo...
>
> ECLESIASTÉS 2:22-26

Oh, Dios, ¿cuántas veces doy vueltas en la cama a lo largo de la noche y pienso en lo que estoy haciendo? ¿Por
qué sigo en este ciclo interminable de esfuerzo y trabajo? ¿De qué me estoy perdiendo? Tiene que haber algo
más. ¿Dónde está la retribución? ¿Y mi recompensa?

Lléname de tu Espíritu Santo. Dale descanso a mi
mente ansiosa. Libérame de las cadenas de la preocupación y la duda. Padre, ayúdame a disfrutar cada
momento de mi día a día. Estoy sediento de tu sabiduría y anhelo que llegue el día en que mi mente descan-
se en tu fidelidad.

Confío en Dios

Por tanto os digo: No os afanéis por vuestra vida, qué habéis de comer o qué habéis de beber; ni por vuestro cuerpo, qué habéis de vestir. [...] ¿Y quién de vosotros podrá, por mucho que se afane, añadir a su estatura un codo? [...] Porque los gentiles buscan todas estas cosas; pero vuestro Padre celestial sabe que tenéis necesidad de todas estas cosas. Mas buscad primeramente el reino de Dios y su justicia, y todas estas cosas os serán añadidas.

MATEO 6:25, 27, 32-33

Señor, es muy difícil *no* enfocarse en el dinero. Sentado a la mesa de la cocina, me preocupo por las cuentas que debo pagar. Nunca es suficiente, Señor. ¿Y si sucede algo malo? ¿Y si pierdo mi trabajo? ¿Y si el mercado se desploma y perdemos todo el dinero para nuestra jubilación? No llegaríamos muy lejos con nuestros ahorros. ¿Y después de eso, Señor?

Misericordioso Dios, perdóname por no haber confiado en ti. Fortalece mi fe y ayúdame a recordar que, sin importar la situación que esté viviendo, Tú estarás conmigo.

Sin temores

Si tú dispusieres tu corazón, y extendieres a él tus manos; si alguna iniquidad hubiere en tu mano, y la echares de ti, y no consintieres que more en tu casa la injusticia, entonces levantarás tu rostro limpio de mancha, y serás fuerte, y nada temerás; y olvidarás tu miseria, o te acordarás de ella como de aguas que pasaron. La vida te será más clara que el mediodía; aunque oscureciere, será como la mañana. Tendrás confianza, porque hay esperanza; mirarás alrededor, y dormirás seguro.

JOB 11:13-18

Dios, lo admito, me encierro tanto en la aparente importancia de las adversidades diarias que olvido clamar a ti. Dejo que se me escapen las oportunidades para prestar atención a los demás y buscar tu guía. Después, ocurre algo y regresa la crisis. En ese momento, vuelvo a ti y te suplico que intervengas. Te prometo poner tu voluntad en primer lugar, pero esa buena intención no perdura.

Oh, Señor, lléname con tu Espíritu hoy. Que me sacuda hasta los tuétanos para que pueda pensar primero en cómo servirte para que todo lo demás vuelva a su lugar. Guíame en mis tareas del día a día. Que Tú guíes mis acciones y que mi corazón esté lleno de tu amor. Calma mi alma para que me sienta seguro mientras camino por tus sendas.

PODER

Cómo ser el primero

Mas Jesús, llamándolos, les dijo: Sabéis que los que son tenidos por gobernantes de las naciones se enseñorean de ellas, y sus grandes ejercen sobre ellas potestad. Pero no será así entre vosotros, sino que el que quiera hacerse grande entre vosotros será vuestro servidor, y el que de vosotros quiera ser el primero, será siervo de todos. Porque el Hijo del Hombre no vino para ser servido, sino para servir, y para dar su vida en rescate por muchos.

Marcos 10:42-45

Querido Señor, gracias por ayudarme a llegar al lugar en el que me encuentro hoy. Sé que has bendecido mi vida con numerosos triunfos. Admito que me gusta hacer las cosas a mi manera. No me gusta entregar el control. Me molesto con los demás cuando no saben qué decir. Estoy acostumbrado a dar órdenes y soy bueno en ello. Dios, ayúdame a moldear mi pequeña ración de autoridad con humildad y gracia.

Dios todopoderoso, me maravilla lo que tu Hijo hizo por mí. No es fácil elegir ser el último. La ventaja y el impulso por ser el primero han estado arraigados en mí desde hace ya muchos años. Ayúdame a encontrar una manera de poner a los demás delante de mí, de levantar a mis hermanos y a mis hermanas, de ser un siervo verdadero. Oh, Señor, ayúdame a resistir la tentación de ser el primero.

Hazme recordar

Pero tenemos este tesoro en vasos de barro, para que
la excelencia del poder sea de Dios, y no de nosotros,
que estamos atribulados en todo, mas no angustia-
dos; en apuros, mas no desesperados; perseguidos,
mas no desamparados; derribados, pero no destrui-
dos; llevando en el cuerpo siempre por todas partes
la muerte de Jesús, para que también la vida de Jesús
se manifieste en nuestros cuerpos.

2 Corintios 4:7-10

Padre celestial, recuérdame que vivo por tu poder y
no por el mío (aunque debo admitir que no siempre
me gustan estos recordatorios, a veces me incomo-
dan). Sé que cuando todo marcha bien, mi orgullo
puede apoderarse de mí y superar mi propia voluntad.

Señor Dios, ayúdame a recordar que no tengo por
qué hacer esto solo. Hazme recordar que debo confiar
en tu poder y acercarme a Jesús cuando sienta que ya
no puedo seguir adelante. Dios todopoderoso, ayúdame a recordar que tu poder me levanta cuando tropiezo y que no debo temer.

Bástate mi gracia

Y para que la grandeza de las revelaciones no me exaltase desmedidamente, me fue dado un aguijón en mi carne [...]; respecto a lo cual tres veces he rogado al Señor, que lo quite de mí. Y me ha dicho: Bástate mi gracia; porque mi poder se perfecciona en la debilidad. Por tanto, de buena gana me gloriaré más bien en mis debilidades, para que repose sobre mí el poder de Cristo. Por lo cual, por amor a Cristo me gozo...

2 Corintios 12:7-10

Dios, si había alguien capaz de orar para que se fuera un dolor físico, era el santo Pablo. Sin embargo, el aguijón continuó allí. En ocasiones el alivio ocurre, pero a veces el dolor permanece. Cuando sufro o veo que un ser querido sufre, me pregunto: "¿Tendría que haber orado más?". Tú me dices que me acerque a ti con mis plegarias, pero no soy quién para decir cuál es tu voluntad en cada situación.

Señor, fortaléceme aunque lleve aguijones en mi carne y me encuentre agobiado por el dolor. Permíteme seguir adelante a pesar de la enfermedad y las dificultades. Tu gracia es todo lo que necesito.

Poder sobre el pecado

Por lo cual, desechando toda inmundicia y abundancia de malicia, recibid con mansedumbre la palabra implantada, la cual puede salvar vuestras almas. Pero sed hacedores de la palabra, y no tan solamente oidores, engañándoos a vosotros mismos.

SANTIAGO 1:21-22

Amado Dios, cuán sencillo es enredarse con la perversidad de la humanidad. Las tentaciones me atraen; la presión está siempre presente. El pecado se hace presente en la televisión, en los libros, en las revistas y en las películas. Soy bombardeado por ideas contrarias a los valores que Tú me pediste que conservara.

Señor, recibo tu Palabra. Lléname con el poder para resistir a la tentación y, asimismo, para continuar avanzando en el servicio. Que me anime a ser diferente. Dame las fuerzas para demostrar tu Palabra a los demás por medio de mis acciones. Que cuando me vean, te conozcan a ti. Esa es mi oración.

PACTO

Promesas, promesas

Y dijo Dios: Esta es la señal del pacto que yo establez-
co entre mí y vosotros y todo ser viviente que está
con vosotros, por siglos perpetuos: Mi arco he puesto
en las nubes, el cual será por señal del pacto entre mí
y la tierra.

GÉNESIS 9:12-13

Señor, a veces la prisa con que se desarrolla la vida
eclipsa mi conciencia de que este mundo es tuyo, incluso con los embotellamientos, las llaves perdidas,
las declaraciones de impuestos, los niños enfermos
y las cañerías tapadas. Si tan solo recordara parar y
volver a empezar cada vez que veo uno de tus arcoiris.

Creador del cielo y de la tierra, que reciba la gracia para comprender la diferencia entre existir y vivir.
Más allá de las tormentas, te agradezco por la calma
del arco multicolor que cubre todo cuanto creaste y se
erige como un recordatorio de tu promesa para con
nosotros.

Pero yo y mi casa

Y si mal os parece servir a Jehová, escogeos hoy a quién sirváis; si a los dioses a quienes sirvieron vuestros padres, cuando estuvieron al otro lado del río, o a los dioses de los amorreos en cuya tierra habitáis; pero yo y mi casa serviremos a Jehová.

Josué 24:15

Dios todopoderoso, en ocasiones me resbalo y me caigo. Tú sabes cuántas veces te he fallado. Tropiezo con frecuencia cuando intento servir a más de un señor. Elijo servir a los objetos de deseo en lugar de seguir tu voluntad, tu llamado para mi vida o tus preceptos.

Deseo que llegue el día en que mi fe y mi servicio estén en un lugar seguro. Sostenme y endereza mi camino porque una vez más elijo servirte únicamente a ti. Ayúdame a contagiarles esta convicción a los miembros de mi casa. Ayúdame a dar el ejemplo y a agradarte a ti.

Escribe tu voluntad en mi corazón

> Pero este es el [nuevo] pacto que haré con la casa de
> Israel [...]: Daré mi ley en su mente, y la escribiré en
> su corazón; y yo seré a ellos por Dios, y ellos me serán
> por pueblo.
>
> JEREMÍAS 31:33

Señor, si tan solo pudiera tener tu voluntad y tu camino escritos en mi corazón, en lo más íntimo de mi ser, no tendría que preguntar: "¿Debo hacer esto o aquello?", sino que sabría cómo actuar sin pensar en las posibles pérdidas ni buscar provecho propio. ¿Cuán seguido quieres escribir tu voluntad en mi corazón, pero encuentras resistencia de mi parte, mi voluntad fuerte en contra de tu intención de hacer el bien? Me llamas a ser tuyo. Señor, ayúdame a correr a tu lado y llámame tu hijo, parte de tu pueblo.

Abro mi corazón para que escribas en él con tu pluma divina. Por favor, Señor, escribe.

AMISTAD

La amistad que trae libertad

Vosotros sois mis amigos, si hacéis lo que yo os mando.

JUAN 15:14

Señor, soy tu seguidor, pero también soy tu amigo. Ayúdame a ver con mayor claridad cómo puedo ser un buen amigo cuando hago lo que Tú me mandas. Mi vida es un regalo de parte de ti y quiero invertirla, en la medida de mis posibilidades, haciendo el trabajo para el cual Tú me llamaste.

Gracias porque tus mandamientos no imponen restricciones, sino que traen libertad. En la amistad contigo y en la obediencia a ti, encontraré el gozo verdadero.

Señor Jesús, gracias por haberme invitado a ser tu amigo.

Mantenme cerca, Señor

Entonces todos los discípulos, dejándole, huyeron.

MATEO 26:56

Los discípulos, tus amigos, te escuchaban, te amaban, te seguían... y luego te dejaron cuando las cosas se pusieron difíciles. ¡Cómo te debe haber dolido eso! Uno espera que sus enemigos se alejen, pero piensa que sus amigos estarán allí en los días oscuros. Sin embargo, tus amigos tuvieron miedo, y su miedo los apartó de tu lado.

Señor, yo también soy tu discípulo. Soy tu amigo. Me has demostrado que estás siempre conmigo en los días difíciles, incluso cuando soy *yo* quien quiere huir ante las complicaciones. Hazme recordar, Señor, que huir de ti no es la manera de reaccionar frente a las dificultades. De hecho, cuando suceden esas cosas, Señor, acércame más a ti. Que encuentre en ti fortaleza para enfrentar los obstáculos que haya en mi camino.

Mantenme cerca, Señor, bien cerca de ti.

David y Jonatán

Aconteció que cuando él hubo acabado de hablar con Saúl, el alma de Jonatán quedó ligada con la de David, y lo amó Jonatán como a sí mismo. Y Saúl le tomó aquel día, y no le dejó volver a casa de su padre. E hicieron pacto Jonatán y David, porque él le amaba como a sí mismo. Y Jonatán se quitó el manto que llevaba, y se lo dio a David, y otras ropas suyas, hasta su espada, su arco y su talabarte.

1 Samuel 18:1-4

Señor, se habla mucho acerca de la amistad entre David y Jonatán. En verdad tenían una lealtad para con el otro que no veo muy seguido en el mundo de hoy. Las amistades como la suya son un regalo que viene de ti. A decir verdad, me vendría bien tener uno o dos buenos amigos con quienes pueda ser yo mismo. Alguien que me dé buenos consejos cuando los necesite. Alguien que me avise cuando tome el camino equivocado o me encuentre en un lugar en el que no debo estar. Y, Señor, también quiero poder ser ese amigo para otra persona. Oro para que abras las puertas y entren mejores amistades a mi vida.

Cuidadoso con las amistades

El justo sirve de guía a su prójimo; mas el camino de los impíos les hace errar.

PROVERBIOS 12:26

Señor, cuida de mis amistades. Que no mantenga amistades con hombres impíos.

Recuérdame que debo ser cuidadoso con aquellos que no son tus amigos y que pueden hacer que mengüe mi fe o que haga algo que no te honre a ti. Oro para que me des oportunidades para compartir con estos amigos al mejor Amigo que existe: Tú, Señor.

Que pueda ser un verdadero amigo en todo sentido de aquellos que Tú has puesto en mi vida para que sean mis amigos. Y que nunca dé por sentado el regalo de la amistad.

Servir con gracia

> Cada uno según el don que ha recibido, minístrelo a
> los otros, como buenos administradores de la multi-
> forme gracia de Dios.
>
> 1 Pedro 4:10

Te agradezco Dios por los dones que recibí por gracia.
Muéstrame cómo usarlos para servir a los demás durante este día. Dame ojos para que pueda detectar a
aquellos a quienes puedo ofrecer una palabra de esperanza o de aliento. Dame oídos para escuchar los
clamores silenciosos por ayuda. Dame manos para
alcanzar a aquellos que están en necesidad.

Y, Señor, pon personas en mi camino hoy que
hayan recibido tus dones y puedan ayudarme en mi
aflicción.

El Dios que ve

Solamente temed a Jehová y servidle de verdad con todo vuestro corazón, pues considerad cuán grandes cosas ha hecho por vosotros.

1 Samuel 12:24

Oh, Señor, definitivamente has hecho grandes cosas por mí, muchas de las cuales quizá ni siquiera he sabido reconocer. Tus ojos están siempre sobre mí. Notaste mis necesidades, incluso antes que yo, y respondiste con abundancia. Cuando pienso en tu bondad hacia mí, tan solo puedo ofrecer mi vida para servirte de todo corazón. El día de hoy es tuyo, Señor. Guía mis pasos. Abre las puertas del servicio para mí. Enséñame a temerte con amor. Ayúdame a recordar todo lo bueno que has hecho por mí.

El regalo de dar

Porque el Hijo del Hombre no vino para ser servido, sino para servir, y para dar su vida en rescate por muchos.

MARCOS 10:45

La vida cristiana se trata de servir, ¿no es así, Señor? Al entregar mi vida por los demás, te la estoy dando a ti. Eso suena muy bien.

Señor, gracias por el ejemplo de dar que nos has dejado al redimir mi vida por medio de la muerte de tu Hijo en la cruz. Ayúdame a recordar que cuando doy a alguien que está pasando necesidad, aun cuando me parezca un sacrificio, te estoy dando a ti y estoy siguiendo tu ejemplo.

Alabado seas, Padre, por el regalo de dar.

Para subir hay que bajar

Si alguno me sirve, sígame; y donde yo estuviere, allí también estará mi servidor. Si alguno me sirviere, mi Padre le honrará.

Juan 12:26

Padre, me emociona saber que cuando sirva, estarás conmigo. Estaré donde Tú estés. Puedo ser todo lo que Tú quieres que sea cuando me entrego a aquellos que se encuentran en necesidad. Gracias porque honras a los que te sirven. A veces, Señor, pareciera que pretendo tener puestos altos para que los demas admiren mi trabajo. Guarda mi corazón de la ambición egoísta. Que mi corazón esté alejado del deseo de liderar y cerca del deseo de servir. A tus ojos, para subir hay que bajar.

VISIÓN

Delante de los reyes

¿Has visto hombre solícito en su trabajo? Delante de los reyes estará; no estará delante de los de baja condición.

PROVERBIOS 22:29

Padre del cielo, gracias por haberme dado un trabajo para hacer en esta vida. Ayúdame a volverme más calificado para cumplir con mi llamado. Que cuando los demás vean las habilidades que me has dado, comprendan que estas son un regalo del cielo. Que el trabajo de mis manos, de mi mente y de mi cuerpo te glorifiquen a ti, oh, Señor. Que pueda ser un buen administrador de los talentos que me has asignado y que estos den mucho fruto para ti.

Generosidades

Pero el generoso pensará generosidades, y por generosidades será exaltado.

ISAÍAS 32:8

Dios, necesito ayuda para planificar. A menudo pareciera que solo hago lo que tengo delante de mis ojos. El resultado es que voy tapando agujeros en mi trabajo y no tengo una visión integral de este. Seguramente, muchas de las cosas que quieres que haga son trabajos progresivos: un poco por aquí, otro poco por allá, pero siempre con un objetivo específico en mente.

Muéstrame, Señor, ese objetivo. Dame *visión*. Ayúdame a cumplir con esa visión por medio de las fuerzas que Tú me das. Señor, *establece* los planes para mi vida y que nada me impida ver su cumplimiento.

Los deseos de mi corazón

Te dé conforme al deseo de tu corazón, y cumpla todo tu consejo.

SALMO 20:4

Es un gozo saber, Padre, que te complaces en trabajar por medio de los deseos santos de mi corazón. Me muestras cómo seguir adelante en la vida mediante los deseos que se ajustan a tu Palabra. Confío en ti, Señor, confío en que me ayudarás a avanzar con mis planes porque estos están arraigados en ti. Guarda mis deseos para que ninguno de ellos se convierta en un deseo carnal y ambicioso. Que mis deseos tengan un sentido divino implantado por ti. Riega, Señor, aquellos planes y haz que den fruto.

Alabado seas, Dios, por haberme elegido para trabajar por medio de mí.

El hombre necio

Y dijo: Esto haré: derribaré mis graneros, y los edifi-
caré mayores, y allí guardaré todos mis frutos y mis
bienes...

LUCAS 12:18

Dios, sé que el hombre necio solo sueña con tener una
vida mejor en *este* mundo. Pero Tú me has llamado
a algo más grande. Tus planes para mí son eternos,
Señor. Dame ojos para ver las riquezas verdaderas de
una vida invertida para ti, y no únicamente en la seguridad terrenal. Ayúdame a resistir el deseo de ser
rico en esta vida y descuidar mi alma. Señor, dejo
todo a un lado y, en lugar de ello, elijo *tu* visión para
mi vida.

Pareciera que todos los días leo informes de personas que intentan hacer riquezas en esta vida por sí so-
los. Cuán necios son. Padre, que estos informes sean
un recordatorio de que elijo no construir graneros ni
almacenar más granos. No, Señor, que mis inversiones vayan a los almacenes celestiales.

ETERNIDAD

Gracias eternas

Jehová Dios mío, te alabaré para siempre.

SALMO 30:12

Señor, soy consciente de que mi existencia no era necesaria para tu universo. Y sin embargo, me incluiste a *mí* en tu plan divino. Me creaste en el vientre de mi madre, estuviste presente en mi nacimiento y durante toda mi niñez... y luego me buscaste y me salvaste. Me llevaste hacia ti y derramaste tu amor sobre mí. ¿Cómo puedo evitar ofrecerte gracias eternas? ¿Cómo puedo hacer para no alabarte por haberme creado? Tú eres mi Dios y yo soy tu hijo. Gracias, gracias, gracias.

Senda de la vida

Me mostrarás la senda de la vida; en tu presencia hay plenitud de gozo; delicias a tu diestra para siempre.

SALMO 16:11

Gracias, Señor, por haberme dado vida eterna en ti. E incluso en esta vida, me das gozo a diario en tu presencia. Tu diestra poderosa me sostiene. Y me esperan las delicias que has creado para que yo pueda disfrutar para siempre. Te alabo porque me sacaste de la senda de la muerte y me afirmaste en la senda de la vida. Gracias por el gozo de tu presencia y por una eternidad de delicias contigo, mi Padre.

Señor, yo creo

El que cree en el Hijo tiene vida eterna...

JUAN 3:36

Señor, ¡yo creo! Creo en ti y creo en tu Hijo. Y gracias a esa fe sencilla, me has dado la vida eterna. Esa vida eterna no es algo que heredaré algún día, sino que es mía en este momento y me regocijo en ella. También gozo de una comunión eterna contigo, incluso ahora, Señor. Soy un hombre bendito, sin importar lo que pueda pasar en este día.

Gracias por el regalo de la vida eterna. Gracias por tu Hijo. ¡Eres digno de alabanza!

Eternidad en mi corazón

Todo lo hizo hermoso en su tiempo; y ha puesto eternidad en el corazón de ellos, sin que alcance el hombre a entender la obra que ha hecho Dios desde el principio hasta el fin.

ECLESIASTÉS 3:11

Dios, sé muy bien que has puesto eternidad en mi corazón. Tengo la convicción de que hay mucho más que esta vida terrenal. Gracias por ella porque puedo pasar un tiempo hermoso. Tú pusiste en marcha el universo y, al hacerlo, me has dado un papel para desempeñar y una vida para disfrutar. No puedo comprenderlo todo, pero puedo creerlo. Puedo confiar. Puedo adorarte y disfrutarte.

SEXUALIDAD

———◈———

Algo bueno

Pero yo os digo que cualquiera que mira a una mujer
para codiciarla, ya adulteró con ella en su corazón.

MATEO 5:28

Señor, me creaste para que sea un hombre. Con ello
viene aparejado un deseo que sé que debo administrar correctamente. Tú creaste el deseo sexual con
la intención de que sea algo *bueno*. Veo a muchos
hombres a mi alrededor que fracasan cuando se en-
frentan con la lujuria. Tiene poder, Señor, y es des-
tructiva. Ayúdame a proteger mis ojos y mi corazón
de los pensamientos perversos. Enséñame a cumplir
con tu plan para la sexualidad y no permitir que este
se desvalorice debido a la lujuria del mundo que me
rodea. Ayúdame a ser fuerte junto con otros hombres
que han conquistado la tentación. Dame fuerzas, oh,
Señor.

Mantenerse puro

Huid de la fornicación. Cualquier otro pecado que
el hombre cometa, está fuera del cuerpo; mas el que
fornica, contra su propio cuerpo peca.

1 Corintios 6:18

Padre, vivo en un mundo en el que es muy fácil acceder a la inmoralidad sexual. Podría tomar provecho de las tentaciones que me rodean. No sería muy difícil. Sin embargo, Señor, sé que sería muy difícil lidiar con las consecuencias. He visto cuán devastado puede acabar un hombre debido a la inmoralidad sexual. No quiero vivir esa masacre. Señor, ayúdame a discernir con anticipación las tentaciones a mi alrededor que pueden instigarme a cometer inmoralidades sexuales. Dame el poder de tu Espíritu Santo para resistir a este pecado mortal. Mantén mi mente pura y mi cuerpo bajo mi control.

Que ni siquiera se nombre

> Pero fornicación y toda inmundicia, o avaricia, ni aun se nombre entre vosotros, como conviene a santos.
>
> Efesios 5:3

Te confieso, Señor, que a veces (quizá con frecuencia) la inmoralidad sexual está presente en mis pensamientos y, posiblemente, en mis acciones también si no presto atención. Límpiame del pecado sexual y fortaléceme para que ni siquiera nombre la inmoralidad. Padre, permíteme ser conocido como un hombre "seguro". Un hombre con quien todos pueden sentirse seguros porque saben que no quiero ningún favor sexual de parte de ellos. Señor, asimismo permíteme servir de motivación para otros hombres que luchan con tentaciones sexuales. Abre las puertas para que podamos compartir nuestras luchas honestamente y nos fortalezcamos los unos a los otros.

Santidad y honor

... pues la voluntad de Dios es vuestra santificación; que os apartéis de fornicación; que cada uno de vosotros sepa tener su propia esposa en santidad y honor; no en pasión de concupiscencia, como los gentiles que no conocen a Dios...

1 Tesalonicenses 4:3-5

Dios, entiendo que la inmoralidad sexual y las pasiones desenfrenadas son un sello distintivo de aquellos que no te conocen. Que nunca las experimente porque yo sí te conozco. Ayúdame a ver la santidad y el honor que encontraré cuando controle mi propio cuerpo. Enséñame los caminos de quienes están santificados, apartados para que Tú los uses. Gracias porque tu voluntad es que no experimente la destrucción que trae aparejada la inmoralidad sexual.

SALUD

Buen remedio

El corazón alegre constituye buen remedio; mas el espíritu triste seca los huesos.

Proverbios 17:22

Señor, a veces mi espíritu está tan seco que siento que me encuentro en el medio del desierto del Sahara. Anima mi espíritu, Padre. Aligera la carga de mi corazón. Dame tu gozo, tu paz, tu espíritu de alabanza para vencer la aflicción. Ayúdame a dejar de pensar en mí mismo y en todos los problemas que están secando mi espíritu y a volverme a ti con regocijo. Conocerte a ti es mi verdadera felicidad. Dame el remedio que necesito para tener un corazón contento, oh, Señor.

Salud y felicidad

Hijo mío, está atento a mis palabras; inclina tu oído a mis razones. No se aparten de tus ojos; guárdalas en medio de tu corazón; porque son vida a los que las hallan, y medicina a todo su cuerpo.

PROVERBIOS 4:20-22

Dios Padre, tu Palabra me da vida. Me da fuerza espiritual y poder físico. Tus palabras son de sanidad para mi cuerpo y mi espíritu. Que tu verdad penetre todo mi ser y me mantenga saludable y feliz. Que tu Palabra me refresque y me dé la vitalidad de un soldado seguro.

Salud próspera

Amado, yo deseo que tú seas prosperado en todas las cosas, y que tengas salud, así como prospera tu alma.

3 Juan 1:2

Dios, oro para que prosperes mi cuerpo con buena salud, así como prosperas mi alma. Ayúdame a evitar aquello que puede destruir mi salud, ya sea la comida chatarra, las malas actitudes o la pereza. Gracias por cuidar de mi salud y de mi bienestar integral. Tú creaste mi cuerpo y conoces todas sus complejidades. Quiero que mi cuerpo esté a tu cargo porque solo a ti confío mi vida. Señor, cada aliento es un regalo tuyo. No lo doy por sentado.

Apetito santo

... el fin de los cuales [de los malignos] será perdición, cuyo dios es el vientre, y cuya gloria es su vergüenza; que solo piensan en lo terrenal.

FILIPENSES 3:19

Señor, Tú conoces mi apetito. A veces como demasiado, otras veces como cosas que no debería. Esto se debe, en parte, a cuestiones de tiempo. Simplemente no me tomo el tiempo para comer en forma adecuada o hacer el ejercicio que necesito. Y, sí, por lo general se debe a que mi mente está pensando "en lo terrenal".

Pero, Padre, no quiero que mi vientre sea mi dios porque esto deteriorará mi salud. Ayúdame a tenerte siempre como mi Dios verdadero, al cual sirvo. Ayúdame a cuidar de mi salud por medio del cuidado de mi apetito.

TRABAJO

Mi dosis de creatividad

Y dijo Moisés a los hijos de Israel: Mirad, Jehová ha nombrado a Bezaleel hijo de Uri, hijo de Hur, de la tribu de Judá; y lo ha llenado del Espíritu de Dios, en sabiduría, en inteligencia, en ciencia y en todo arte, para proyectar diseños, para trabajar en oro, en plata y en bronce, y en la talla de piedras de engaste, y en obra de madera, para trabajar en toda labor ingeniosa. Y ha puesto en su corazón el que pueda enseñar, así él como Aholiab hijo de Ahisamac, de la tribu de Dan; y los ha llenado de sabiduría de corazón, para que hagan toda obra de arte y de invención, y de bordado en azul, en púrpura, en carmesí, en lino fino y en telar, para que hagan toda labor, e inventen todo diseño.

ÉXODO 35:30-35

Padre, es maravillosa la manera en que le das una dosis de creatividad a cada persona. Incluso a mí me has dado una dosis de talento y te alabaré por mis dones. Ayúdame a ser un buen administrador de las competencias, las habilidades y la inteligencia que me has dado. Oro para que multipliques mis talentos y mis esfuerzos. Dame más oportunidades para usar mi creatividad. Oro para que inviertas aún más energía creativa en mí. Señor, quiero ser el mejor en todo lo que haga. Dame una imaginación maravillosa y útil, oh, Señor.

Esta es la obra de Dios

Entonces le dijeron: ¿Qué debemos hacer para poner
en práctica las obras de Dios? Respondió Jesús y les
dijo: Esta es la obra de Dios, que creáis en el que él
ha enviado.

JUAN 6:28-29

Señor, la "obra" más importante que tiene el hombre
es creer en Jesús, en el que Tú has enviado. El resto
de mi trabajo surge a partir de ese acto de creer. Todo
proviene de ti, Padre.

Yo creo en el que Tú has enviado, Señor. Creo en
Jesús. No hay obra más importante. Te alabo, Señor,
por la sencillez de la fe.

Trabajo fructífero

En toda labor hay fruto; mas las vanas palabras de los labios empobrecen.

PROVERBIOS 14:23

Oh, Señor, a veces intento evitar el trabajo pesado. Sin embargo, Tú nos has dado a cada uno de nosotros una tarea en la cual podemos ser fieles y útiles. Ayúdame a ver con más claridad las maneras en que mi trabajo puede dar más frutos para tu reino. Guarda mis labios para que mi creatividad no se convierta en especulación y discursos vacíos. Que los demas describan mi trabajo como diligente, y que mi diligencia traiga su recompensa.

Soy suyo todo el tiempo

Y todo lo que hagáis, hacedlo de corazón, como para el Señor y no para los hombres; sabiendo que del Señor recibiréis la recompensa de la herencia, porque a Cristo el Señor servís.

COLOSENSES 3:23-24

Señor, a veces solo pienso en el trabajo como un área separada de mi vida. Pero, en realidad, soy tuyo todo el tiempo. Todo lo que hago es para servirte. Mi trabajo es para ti, no para mí ni para mi empleador. Eres Tú a quien quiero agradar con mi esfuerzo. Que me encuentres siendo fiel en la tarea que me has encomendado.

Y, Padre, cuando me queje de mi situación laboral, recuérdame que la queja es una actitud muy mala hacia ti. Ayúdame a recordar que debo orar por mis superiores en el trabajo.

TENTACIÓN

Líbrame, Señor

Y no nos metas en tentación, mas líbranos del mal...

MATEO 6:13

Señor, esta es mi oración: que me alejes de la tentación. Líbrame de los pensamientos y de las acciones pecaminosas que me atraen como si fueran un imán. Veo que otros hombres triunfan sobre sus tentaciones, por ende, sé que es posible. Tú *puedes* alejarme de la tentación, Padre. Tú *puedes* librarme del mal.

Padre, me has indicado que ore para no caer en tentación. Esa es mi oración en este momento debido a quien soy y a las tentaciones que enfrento. Al igual que Jesús dependía de ti cuando era tentado sin piedad en el desierto, yo dependo de ti cuando soy tentado.

Mantén mis ojos en el camino al que me has llamado. Un camino por el que puedo atravesar todas las tentaciones y salir ileso.

Conoces cuán débil puedo ser, Señor. Mi única esperanza es que me liberes de la tentación. No me falles, Padre.

Un pacto con mis ojos

Hice pacto con mis ojos; ¿cómo, pues, había yo de mirar a una virgen?

JOB 31:1

Muchas de mis tentaciones, Señor, entran por los ojos. Veo algo y lo quiero. Lo codicio. Y entonces lo busco. A veces, Señor, aquellos pensamientos tentadores están relacionados con la lujuria. Visualizo acciones sexuales inmorales... y enseguida me siento avergonzado. Pero a veces no me siento avergonzado. Sin embargo, Señor, Tú sabes que quiero superar estos pensamientos de lujuria y codicia, y creo que Tú también quieres que lo haga. Ayúdame a mantener un pacto con mis ojos para resistir a los malos pensamientos cuando me enfrente con una oportunidad de codiciar. Dame de tu gracia, Señor.

El diablo tiene que huir

Someteos, pues, a Dios; resistid al diablo, y huirá de vosotros.

SANTIAGO 4:7

La victoria, Señor, viene de la sumisión a ti. Y cuando me someta a ti, también resistiré al malvado. Tu promesa es que cuando resista, Satanás huirá. Entonces, Señor, oro por dos cosas: en primer lugar, recuérdame que debo resistir de manera que el enemigo no pueda dominarme. Puede que la tentación ya me haya atrapado antes de que piense en resistir. En segundo lugar, ayúdame a recordar que por medio de ti tengo el poder para resistir al enemigo y que, cuando lo haga, HUIRÁ.

León rugiente

Sed sobrios, y velad; porque vuestro adversario el diablo, como león rugiente, anda alrededor buscando a quien devorar; al cual resistid firmes en la fe, sabiendo que los mismos padecimientos se van cumpliendo en vuestros hermanos en todo el mundo.

1 Pedro 5:8-9

Dios, cuando soy tentado, pareciera que soy la única persona que siente tanta presión para hacer lo que sabe que no debería hacer. Pero los hombres en todo el mundo, mis hermanos en Cristo, también son tentados. A lo largo de la historia, incluso los hombres buenos tuvieron que enfrentar las mismas tentaciones que yo. Ayúdame y ayuda a mis hermanos en Cristo a pararnos firmes en la fe en ti. Ayúdanos a resistir a aquel león rugiente de la tentación, el que quiere devorarme. Oh, Padre, dame el poder del dominio propio y la atención.

ELECCIONES

———◈———

Elegir la vida

Y si mal os parece servir a Jehová, escogeos hoy a quién sirváis; si a los dioses a quienes sirvieron vuestros padres, cuando estuvieron al otro lado del río, o a los dioses de los amorreos en cuya tierra habitáis; pero yo y mi casa serviremos a Jehová.

JOSUÉ 24:15

Gracias, Padre, porque podemos elegir. Me permites escoger el estilo de vida que tendré mediante las decisiones que tomo. Yo y mi casa te serviremos únicamente a ti. Oro para que cada día me recuerdes maneras en las que puedo elegirte a ti en mi vida diaria. Dame conciencia de las decisiones sabias y necias que puedo tomar y la sabiduría para saber cuál es cuál.

Sí, Señor, te elijo a *ti*.

El misterio de la voluntad de Dios

El corazón del hombre piensa su camino; mas Jehová endereza sus pasos.

PROVERBIOS 16:9

Tu voluntad es un gran misterio, Señor. Yo oro, planifico, tomo decisiones; sin embargo, como Tú eres mi Señor soberano, Tú determinas el resultado. ¡Qué maravillosa fuente de confianza! ¡Tú enderezas mis pasos! ¡Tú me sostienes, Señor!

Gracias porque contigo hasta mis errores dan buenos resultados.

¡Te alabo por tu gran sabiduría!

¿A o B?

Y si alguno de vosotros tiene falta de sabiduría, pída-
la a Dios, el cual da a todos abundantemente y sin re-
proche, y le será dada. Pero pida con fe, no dudando
nada; porque el que duda es semejante a la onda del
mar, que es arrastrada por el viento y echada de una
parte a otra. No piense, pues, quien tal haga, que recibirá cosa alguna del Señor. El hombre de doble ánimo es inconstante en todos sus caminos.

SANTIAGO 1:5-8

Señor, a menudo me falta sabiduría. A veces mis elecciones son confusas. ¿Debo elegir la A o debo elegir la
B? ¿Quizás la C?

Necesito tu discernimiento, Dios. Has prometido
que me darías sabiduría en abundancia cuando yo te
la pidiera, y eso es lo que estoy haciendo ahora. Dirige
mis pasos. Ayúdame a creer que lo que escucho y lo
que veo proviene de ti. No elijo ser de doble ánimo.
Confío en que Tú me darás la sabiduría. Tomaré decisiones valientes porque me has dado la sabiduría que
te pedí.

La mejor riqueza

Entonces Jesús, mirándole, le amó, y le dijo: Una cosa te falta: anda, vende todo lo que tienes, y dalo a los pobres, y tendrás tesoro en el cielo; y ven, sígueme, tomando tu cruz. Pero él, afligido por esta palabra, se fue triste, porque tenía muchas posesiones,

MARCOS 10:21-22

Padre, pensar en el hombre rico que no te siguió debido a sus muchas posesiones me entristece. Tu Palabra me dice que Tú amaste a este hombre. Y, sin embargo, él estimaba más sus posesiones que el valor de tu amor. ¡Cuán necio! Señor, no necesito riquezas terrenales para estar satisfecho. Seguirte de cerca me llena de riquezas y de una seguridad que este mundo jamás conocerá. Gracias, Señor, porque comprendo esto. Muchos hombres no lo comprenden y sufren pésimas consecuencias porque persiguen la riqueza terrenal. Señor, yo elijo seguirte a ti.

TIEMPO

Las temporadas de la vida

Todo tiene su tiempo, y todo lo que se quiere debajo del cielo tiene su hora.

Eclesiastés 3:1

Gracias, Señor, por las diferentes temporadas de la vida. Gracias por la temporada que estoy disfrutando en este momento, incluso con sus luchas. Ayúdame a recordar que esta temporada durará solo un tiempo, y luego vendrá una nueva temporada, ya sea una primavera o un invierno.

Sé que esto es así porque eres un Dios que va hacia adelante y, mientras disfruto de esta temporada, sé que en el futuro habrá "una hora" para todo lo que has preparado para mí.

Te alabo, Padre.

Cuenta mis días

Enséñanos de tal modo a contar nuestros días, que traigamos al corazón sabiduría.

SALMO 90:12

El tiempo es valioso, Señor. No tengo que malgastarlo, sino que debo invertirlo en esta vida agradable que me has confiado. Pensaré en cada día como un regalo nuevo y "contado" de tu parte, repleto tanto de oportunidades como de desafíos. Cada uno de ellos traerá sabiduría a mi corazón, y confiaré en que me guiarás cuando aproveche esas oportunidades y me darás las fuerzas para soportar los desafíos a los que me enfrente.

Los días son malos

Mirad, pues, con diligencia cómo andéis, no como necios sino como sabios, aprovechando bien el tiempo, porque los días son malos.

EFESIOS 5:15-16

Están pasando muchas cosas en nuestra nación en este mismo momento. Por un lado, los días son malos..., pero Tú nos das luz para que podamos brillar en la oscuridad. A veces, siento la tentación de temer al futuro. ¿Habrá un ataque terrorista cerca de mí? ¿Una pandemia? ¿Una crisis financiera?

Sin importar lo que pueda venir, viviré sabiamente, Señor, con tu poder en mi vida. Aprovecharé al máximo cada oportunidad y cuidaré de alabarte porque me sostienes en toda circunstancia.

La vida es corta

Porque ¿qué es vuestra vida? Ciertamente es neblina que se aparece por un poco de tiempo, y luego se
desvanece.

SANTIAGO 4:14

Cada vez que alguien conocido muere, recuerdo cuán
breve es la vida. En verdad soy como una neblina que
se aparece por un poco de tiempo y luego se desvanece. La vida *es* corta. Pero la vida de los cristianos
dura lo que debe durar para que Tú cumplas tu propósito en ella.

No sé cuánto tiempo voy a vivir, Padre, pero sí
sé que el hoy es un regalo que proviene de ti. Lo ate-
soraré como una oportunidad más de vivir para ti.
Gracias por mi vida, por más corta que sea, porque es
lo suficientemente larga como para que encuentre la
satisfacción en ti.

PROSPERIDAD

La mano de los diligentes

La mano negligente empobrece; mas la mano de los diligentes enriquece.

PROVERBIOS 10:4

Señor, dame manos diligentes (¡y un corazón diligente!). Deseo ser exitoso en la vida. Quiero prosperar. Quiero que mis manos se ocupen de la tarea que me has encomendado. Apártame del ocio y de la pereza. Trabaja en mis actitudes, Señor. Cultiva en mí un espíritu de éxito y de ambición santa para que dé lo mejor de mí. Quiero ver el fruto de mi diligencia, Padre. Quiero ver la medida de éxito y de prosperidad que tienes preparada para mí.

Raíces fuertes

El justo florecerá como la palmera; crecerá como cedro en el Líbano.

Salmo 92:12

Raíces, Señor. Necesito raíces fuertes y profundas que me permitan soportar las tormentas. Quiero florecer en cada área de mi vida. Sin duda alguna, la motivación para alcanzar el éxito proviene de ti. Yo solo necesito confiar en ti y seguir adelante, y Tú me prosperarás de la manera que consideres adecuada. Señor, camina delante de mí y prepara el camino. Quita los obstáculos que pueden hacerme caer o bajar la velocidad. Despeja mi camino, oh Señor. Plántame como un cedro fuerte del Líbano.

¡Gracias, Señor!

Ensancha mi territorio

E invocó Jabes al Dios de Israel, diciendo: ¡Oh, si me dieras bendición, y ensancharas mi territorio, y si tu mano estuviera conmigo, y me libraras de mal, para que no me dañe! Y le otorgó Dios lo que pidió.

1 Crónicas 4:10

Dios, tal y como hiciste con Jabes, concédeme mi petición y ensancha mi territorio. Clamo ante ti para que tu mano esté conmigo. Líbrame del mal. Guárdame del daño. Expande mis oportunidades. Abre las puertas para que pueda alcanzar el éxito. Cierra las puertas por las que no debo entrar. Prepara un camino, Señor. Prepara un camino para que aumenten mis responsabilidades y mis dones.

Concédeme mi petición, Señor.

Lleno con abundancia

Honra a Jehová con tus bienes, y con las primicias de todos tus frutos; y serán llenos tus graneros con abundancia, y tus lagares rebosarán de mosto.

PROVERBIOS 3:9-10

Todo lo que tengo es tuyo, Señor. Todas las riquezas que tengo son gracias a tu favor y te agradezco por lo que me has confiado, ya sea mucho o poco.

Cuando vengan las bendiciones, te honraré con las primicias de los frutos; entonces mis graneros estarán repletos, y mis lagares rebosarán de mosto. Te honraré con mis riquezas, oh, Señor.

Padre, eres mi asesor financiero y mi asesor en materia de inversiones. Oro para que protejas mis bienes.

TIEMPOS DIFÍCILES

Una mala racha

Porque mi vida se va gastando de dolor, y mis años de suspirar; se agotan mis fuerzas a causa de mi iniquidad, y mis huesos se han consumido.

SALMO 31:10

Estos son tiempos difíciles, Señor. Las personas tienen luchas. A veces *yo* tengo luchas. Mis fuerzas se debilitan debido a lo que estoy atravesando. Ayúdame, Señor. Muéstrame una luz al final del túnel. Abre las puertas hacia la libertad que ahora están cerradas. Cambia mi dirección. Dame ayuda. Dame socorro. Dame tu Espíritu para que me ayude a atravesar esta mala racha. ¡Sostenme, Señor!

Aumenta mis fuerzas

Si fueres flojo en el día de trabajo, tu fuerza será reducida.

PROVERBIOS 24:10

Señor, ¿por qué permites estos tiempos difíciles en mi vida? ¿Es para demostrar que tengo pocas fuerzas? Si es así, entonces confieso que soy débil. Pero ayúdame a tener una fe superadora, Dios mío. Aumenta mi capacidad de perseverar cuando estoy bajo presión. Cambia mis circunstancias; que aunque el cambio se produzca lentamente, por lo menos comience. Rescátame de estas aguas turbulentas, oh, Señor. Llévame a puerto seguro. ¡Aumenta mi fe, Señor!

Me regocijaré

Regocijaos en el Señor siempre. Otra vez digo: ¡Regocijaos!

FILIPENSES 4:4

Señor, a veces, cuando estoy estresado, lo último que quiero es regocijarme. No puedo encontrar un motivo para regocijarme. La vida es difícil y enfocarme en las circunstancias drena todos mis deseos de regocijarme. Sin embargo, si los tiempos difíciles persisten, debo hacer algo. Si no puedo cambiar lo que está sucediendo a mi alrededor, debo cambiar lo que sucede en mi interior. Señor, si regocijarme cambiará mi actitud, si me ayudará a soportar los tiempos difíciles, me regocijaré. Elegiré regocijarme a pesar del dolor que siento debido a las circunstancias actuales.

Me regocijo, Señor. Me regocijo en ti.

Paciente en la tribulación

... gozosos en la esperanza; sufridos en la tribulación; constantes en la oración...

ROMANOS 12:12

Padre, tu Palabra me dice que debo estar gozoso, ser paciente y constante en la oración. Por lo tanto, me regocijaré en ti y oraré. Puede que la paciencia sea lo más difícil, Señor. Cada día se siente como otra caminata de treinta kilómetros por el desierto. ¿Cuándo acabará esta etapa de mi vida, Señor? ¿Cuándo volverán los tiempos de restauración? Tengo sed de gozo verdadero, oh, Señor. Tengo sed de ti.

Aunque el camino que tengo delante es incierto, te ofreceré mis alabanzas, Padre. Oraré a ti y en ti me regocijaré. Y seré paciente.

GRACIA

Deleitarse en la gracia

Porque el pecado no se enseñoreará de vosotros;
pues no estáis bajo la ley, sino bajo la gracia.

Romanos 6:14

Gracias, Señor, por ofrecerme la gracia. Y por liberarme de la ley, la cual, de todas maneras, no podría cumplir. Verdaderamente, la salvación es la liberación del pecado y del poder de la ley. Cuando me deleito en tu gracia, pareciera que estoy nadando con libertad en un gran océano. Pero cuando pienso en la ley y en mis débiles intentos de hacer el bien, pareciera que estoy atravesando un inmenso desierto.

¡Encuentro gozo en tu gracia, Padre! ¡Me regocijo en tu gracia!

Más gracia

Pero por la gracia de Dios soy lo que soy; y su gracia
no ha sido en vano para conmigo, antes he trabajado
más que todos ellos; pero no yo, sino la gracia de Dios
conmigo.

1 Corintios 15:10

A veces, Señor, no *siento* que tu gracia esté trabajando
en mi vida. Pero sí lo hace. Todo el tiempo. Tu gracia
me está transformando en la persona que Tú siempre
quisiste que yo fuera. Tu gracia tiene un gran impac-
to en mi vida, incluso cuando yo no lo noto. Tu gracia tiene el poder milagroso para cambiar la forma en
que me relaciono con aquellos que me rodean.

Entonces, Señor, mi oración es la siguiente: ¡Más
gracia para mí, Señor, más gracia!

Sublime gracia

... en quien tenemos redención por su sangre, el perdón de pecados según las riquezas de su gracia...

EFESIOS 1:7

Padre Dios, ¡cuán rico soy! Soy un poseedor de tu gracia y eso me convierte en un hombre muy rico. Tengo
la redención por tu sangre. Obtengo el perdón eterno por todos mis pecados gracias a tu sublime gracia. Qué increíble. Mientras los demás todavía deben
lidiar con el pecado sin resolver en sus vidas, Señor,
Tú me has libertado de la culpa de todos mis pecados
pasados.

Señor, te alabo y te exalto por la bondad que de-
rramas sobre mí día tras día. Todo esto según las riquezas de tu gracia.

Esforzarse en la gracia

Tú, pues, hijo mío, esfuérzate en la gracia que es en Cristo Jesús.

2 Timoteo 2:1

Padre, al igual que la mayoría de los hombres, me gusta ser fuerte. Me gustaría tener un cuerpo más fuerte, un sentido de dominio propio más fuerte... Me gustaría ser más fuerte en muchas áreas de mi vida. Sin embargo, Señor, no suelo pensar en la gracia como algo para lo cual debería emplear mis fuerzas. Pero sí sé que la gracia es poderosa en mi vida y es la manera en que crezco como cristiano. Ayúdame a entender, Señor, cómo puedo demostrar que me esfuerzo en la gracia. Ayúdame a ser un hombre fuerte por medio de tu gracia para que pueda extenderla a los demás.

ALABANZA

Cosas grandes y terribles

Él es el objeto de tu alabanza, y él es tu Dios, que ha hecho contigo estas cosas grandes y terribles que tus ojos han visto.

Deuteronomio 10:21

¡Cuántas cosas maravillosas has hecho por mí, Señor! Pienso con asombro en algunas de las maneras en que te moviste en mi vida, incluso cuando yo no era consciente de ello. Las cosas grandes y terribles son tu especialidad. Te alabo por cada una de ellas. Pero lo que me emociona en el día de hoy es poder comprender que tienes más maravillas preparadas para mí para los próximos años. Tengo la esperanza de que incluso hoy descubra maravillas en mi vida.

Sí, Señor, he visto tus obras poderosas con mis propios ojos y estoy muy agradecido por ellas.

¡Gloria a tu nombre, Padre!

Mi roca inamovible

Viva Jehová, y bendita sea mi roca, y engrandecido sea el Dios de mi salvación.

2 SAMUEL 22:47

Señor, ¡te exalto! ¡Alabo tu nombre! ¡Tú eres mi Roca, mi Salvador, mi Señor! Tú eres inmutable, inamovible, un amante constante de mi alma. Que las mismas rocas clamen a ti con alabanzas. Que mis labios ofrezcan alabanza constante a ti, mi Rey poderoso. Te doy la alabanza y la gloria. Tú eres digno. Aleluya, Señor.

Consejero por las noches

Bendeciré a Jehová que me aconseja; aun en las noches me enseña mi conciencia.

Salmo 16:7

Padre, con frecuencia, cuando estoy en mi cama por la noche, antes de ir a dormir, pienso en tu grandeza. A veces eso me lleva a orar. En ocasiones, me aconsejas por las noches. Me muestras el camino que debo tomar. Me adviertes dónde no debo ir, qué cosas no debo hacer. Abres tu Palabra para mí. Me muestras grandiosas promesas para mi bien. Me muestras las áreas de la vida que tengo que cambiar.

Te alabo por todos los consejos que me das por las noches. Te honro por tu compromiso conmigo, aun en los tiempos difíciles.

Melodías de alabanza

¿Está alguno entre vosotros afligido? Haga oración.
¿Está alguno alegre? Cante alabanzas.

Santiago 5:13

Señor, canto alabanzas de acción de gracias. Te has ocupado de mí con misericordia y amabilidad. Tu afecto hacia mí me llena de gozo. Tu amor me supera. Tu gozo es mi compañero fiel. Tu paz es mi seguridad.

Señor, te ofrezco melodías de alabanza y de gratitud que nacen de mi corazón con acción de gracias por todo lo que haces y por todo lo que eres.

Tú, mi Dios, eres mi alegría.

EL ESPÍRITU SANTO

Él vive en mi interior

Pues si vosotros, siendo malos, sabéis dar buenas dádivas a vuestros hijos, ¿cuánto más vuestro Padre celestial dará el Espíritu Santo a los que se lo pidan?

LUCAS 11:13

Señor, Tú eres un excelente Padre para mí. Me das buenas dádivas sin vacilación. Superas incluso al mejor padre terrenal de la historia. Es difícil comprender el amor paternal que tienes por mí. Y, Padre del cielo, te agradezco en especial por el don de tu Espíritu Santo, el mejor don. Gracias porque vive en mi interior y es mi Consolador y mi guía.

Padre, gracias por este don indescriptible.

Una vasija de amor

... y la esperanza no avergüenza; porque el amor de Dios ha sido derramado en nuestros corazones por el Espíritu Santo que nos fue dado.

ROMANOS 5:5

Padre, gracias por haber derramado tu amor en mi corazón. Me cuesta amar por mi propia cuenta. Pero gracias al poder de tu Espíritu Santo puedo amar a los demás, aun a aquellos que a veces me hacen enojar. Asimismo, gracias porque este amor no es un amor fingido ni manipulador, sino que es genuino debido a que proviene de ti. Multiplica este amor, Señor. Haz que crezca.

Tu hijo por siempre

La gracia del Señor Jesucristo, el amor de Dios, y la comunión del Espíritu Santo sean con todos vosotros.

2 Corintios 13:14

Te alabo, Padre, por la gracia del Señor Jesucristo en mi vida. Gracias por haberme creado para que sea tu hijo por siempre. Gracias por tu amor profundo hacia mí, un amor inconmensurable para la mente humana. Y también gracias por mi relación con el Espíritu Santo y la manera en que él permite que tengamos esta gran comunión. Oro para que él continúe enseñándome, guiándome y consolándome.

Gracias, Señor, por este tesoro llamado gracia.

Orar en el Espíritu Santo

Pero vosotros, amados, edificándoos sobre vuestra santísima fe, orando en el Espíritu Santo.

JUDAS 1:20

Espíritu Santo, enséñame a orar con mayor eficacia. Quiero aumentar mi fe al aprender a orar con poder. Dame entendimiento, Señor, para que sepa *qué* orar, *cuándo* orar y *cómo* orar. Que mis oraciones sean como las vías de un ferrocarril, y que Tú seas la locomotora. Usa mis oraciones, Señor, para que se expanda tu reino. Recuérdame que debo orar más seguido a lo largo del día, Señor, aun con oraciones cortas que simplemente me conecten con tu amor.

Espíritu de Dios, ora por medio de mí.

PENSAMIENTOS

Un espíritu valiente

Porque no nos ha dado Dios espíritu de cobardía,
sino de poder, de amor y de dominio propio.

2 Timoteo 1:7

Gracias, Señor, por la valentía que me has dado. No
se trata de arrogancia ni de insolencia, sino del poder para ser directo con respecto a quién soy y a lo
que creo. Gracias por el poder para vivir de la manera correcta. Oro para que me ayudes con mi dominio
propio. Ayúdame a ordenar mis pensamientos de manera que produzcan acciones organizadas y producti-
vas. Señor, te pido una vida fructífera.

Sus pensamientos / Mis pensamientos

Mas nosotros tenemos la mente de Cristo.

1 Corintios 2:16

La capacidad de *pensar* es tan maravillosa, Señor. Y saber que mis pensamientos pueden surgir de una mente divina es aún más maravilloso. Y, sin duda alguna, "la mente de Cristo" es una de las necesidades más grandes que tengo. Tú, Señor, sabes perfectamente el contenido de la mente humana y las consecuencias que puedo vivir si sigo sus pensamientos errantes.

Pero ver las cosas por medio de los ojos cristianos es totalmente diferente. Es ver los acontecimientos del mundo, las circunstancias de la vida, las finanzas, las relaciones y muchas otras cosas tal y como Tú las entiendes. Ayúdame, Padre, a vivir la vida desde la perspectiva de la "mente de Cristo". Enséñame a humillarme a mí mismo como Cristo se humilló. Dame más oportunidades para servir tal y como Él sirvió. Que en verdad sus pensamientos sean mis pensamientos.

Pensar bien

Por lo demás, hermanos, todo lo que es verdadero, todo lo honesto, todo lo justo, todo lo puro, todo lo amable, todo lo que es de buen nombre; si hay virtud alguna, si algo digno de alabanza, en esto pensad.

FILIPENSES 4:8

Señor, pareciera que cada día (a veces, cada minuto) mi mente se siente atacada por pensamientos que no quiero tener. Vienen como dardos que tienen mi buena intención como blanco y, algunas veces, me llevan a hacer cosas que no quiero hacer. Cuando vengan estos tiempos, Señor, ayúdame a cambiar mis pensamientos y pensar en las cosas *adecuadas*, las cosas buenas que me ayudarán a desarrollarme y me guiarán hacia las acciones correctas.

Completa paz

Tú guardarás en completa paz a aquel cuyo pensamiento en ti persevera; porque en ti ha confiado.

Isaías 26:3

Lo que deseo es completa paz, Padre. El tipo de paz que surge cuando mantengo la mente firme en ti. Tú has prometido esta paz a quienes confían en ti y meditan en tus excelentes caminos. Señor, oro para que cuando venga algo a perturbar mi paz, guíes mis pensamientos de regreso a ti.

Gracias, Dios, por la completa paz durante la situación actual. Pon tu mano sobre las circunstancias y diseña un final acorde a tu plan.

AMOR

El amor es la marca distintiva

Nosotros sabemos que hemos pasado de muerte a vida, en que amamos a los hermanos. El que no ama a su hermano, permanece en muerte.

1 Juan 3:14

El amor es la marca distintiva de un cristiano verdadero y, Señor, me has dado unos hermanos maravillosos para que los ame. Gracias por los buenos amigos y los compañeros en la fe que me acompañan a lo largo de la vida. Oro por ellos en este momento... para que aumentes el compromiso que tenemos los unos con los otros. También oro por la oportunidad para desarrollar más amistades en la fe, por más oportunidades para expresar amor a los hermanos.

Gracias porque he pasado de muerte a vida y porque mi amor por mis hermanos en Cristo es la prueba de ello.

El amor: la fuerza vinculante

Nunca se aparten de ti la misericordia y la verdad; átalas a tu cuello, escríbelas en la tabla de tu corazón...

PROVERBIOS 3:3

Señor, elijo ser un hombre que ama. Ato el amor y la fidelidad a mi cuello, por así decirlo. Me aferro al amor para que me guíe a lo largo de la vida. Muéstrame maneras en las que puedo demostrar amor e interés por aquellos con los que me encuentre. Dame oportunidades divinas para que pueda dar, y no quitar, a aquellos que me conocen. Átame junto con los que conocen tu amor. Que seamos uno en Cristo.

Una cualidad divina

Y ahora permanecen la fe, la esperanza y el amor,
estos tres; pero el mayor de ellos es el amor.

1 Corintios 13:13

El amor triunfa frente a todo. El amor es el mejor regalo. Aunque tengo fe y esperanza, ayúdame a recordar que el amor es lo mejor porque todo lo demás surge del amor: el perdón, la paciencia, las buenas obras.
Todo lo que debo ser como cristiano surge de una
cualidad divina: el amor. Que pueda tener amor en
abundancia, Padre.

ſſis hermanos cristianos

Siempre orando por vosotros, damos gracias a Dios,
Padre de nuestro Señor Jesucristo, habiendo oído de
vuestra fe en Cristo Jesús, y del amor que tenéis a todos los santos...

COLOSENSES 1:3-4

Tengo hermanos cristianos que están sufriendo en
tierras lejanas debido a su fe en ti, Señor. No me olvidaré de ellos. Oro para que les envíes tu bendición,
Padre, por su fe inquebrantable. Recuérdame que
debo levantarlos en oración todos los días. Asimismo,
envía provisión a los cristianos de todo el mundo que
están hambrientos y desesperanzados. Envía obreros.
Envíame a mí, si es necesario. Pero, por favor, escucha
mis oraciones por ellos. Bendícelos, Señor, y muéstrame cómo puedo ayudar a aliviar su carga.

PERDÓN

Setenta veces siete

Entonces se le acercó Pedro y le dijo: Señor, ¿cuántas veces perdonaré a mi hermano que peque contra mí? ¿Hasta siete? Jesús le dijo: No te digo hasta siete, sino aun hasta setenta veces siete.

MATEO 18:21-22

Perdón sin fin, Señor. Eso es lo que me pides. Pero, a veces, perdonar es difícil. No solo para mí, sino también para aquellos a quienes he dañado. Definitivamente, necesito su perdón, Señor, y también necesito el tuyo. Ayúdame a ser un buen perdonador, así como Tú eres un buen perdonador de todos mis pecados. Ayúdame a no guardar rencor por aquellos que me hacen daño. Que aprenda a perdonar las transgresiones de inmediato, tal y como Tú me perdonas las mías.

Por su nombre

> Os escribo a vosotros, hijitos, porque vuestros pecados os han sido perdonados por su nombre.
>
> 1 Juan 2:12

El perdón de mis pecados es una gran bendición, Señor. Me resulta difícil comprender la profundidad de tu perdón hacia mí. Lo has perdonado todo. Sí, *todo*. Cristo cargó con cada uno de nuestros pecados.

Señor, tengo que parar por un momento cuando pienso en esto. Y luego solo puedo alabarte por la misericordia increíble e inmerecida que me das. He sido perdonado por tu nombre. Te alabo, Señor. Me sigue asombrando que me ames tanto.

Un hombre bendito

Bienaventurado aquel cuya transgresión ha sido perdonada, y cubierto su pecado. Bienaventurado el hombre a quien Jehová no culpa de iniquidad, y en cuyo espíritu no hay engaño.

SALMO 32:1-2

Soy un hombre bendecido, Señor. *¡Bendecido!* Los pecados de mi pasado han sido cubiertos, perdonados para siempre. Y Tú no los consideras en mi contra. ¡Qué gran muestra de amor! Padre, gracias porque tengo saldo cero en mi cuenta de pecados. Y no solo eso, sino que tengo saldo positivo en mi cuenta de gracia por siempre. Las riquezas de tu perdón y tu gracia para conmigo me bendicen y me hacen inmensamente rico. ¡Gracias, Padre!

Perdón completo

... soportándoos unos a otros, y perdonándoos unos a otros si alguno tuviere queja contra otro. De la manera que Cristo os perdonó, así también hacedlo vosotros.

COLOSENSES 3:13

Dios, muéstrame si hay alguien a quien no estoy perdonando. Quiero perdonar a todos los que me ofendieron. Quiero imitar tu perdón hacia mí de la mejor manera posible. Un perdón completo.

Padre, oro cada día para que reveles toda situación sin resolver por la cual necesito perdonar o ser perdonado.

LOS POBRES

Dios recuerda

> Entonces Cornelio dijo: Hace cuatro días que a esta hora yo estaba en ayunas; y a la hora novena, mientras oraba en mi casa, vi que se puso delante de mí un varón con vestido resplandeciente, y dijo: Cornelio, tu oración ha sido oída, y tus limosnas han sido recordadas delante de Dios.
>
> Hechos 10:30-31

Dios, tú escuchas nuestras oraciones y recuerdas nuestras limosnas. Qué gran revelación. A pesar de que perdonas y olvidas nuestros pecados, *recuerdas* nuestras limosnas a los pobres. Por lo tanto, debes pensar siempre en los pobres, Padre. Que entonces yo también piense siempre en ellos. Señor, aumenta mi sensibilidad hacia los pobres que me rodean. Abre mis ojos para que vea la necesidad y lo que quieres que haga. Úsame, Señor, para recordar a aquellos a quienes tienes siempre presentes.

Manos a la obra

> Solamente nos pidieron que nos acordásemos de los
> pobres; lo cual también procuré con diligencia hacer.
>
> GÁLATAS 2:10

Padre, que al igual que el apóstol Pablo, pueda recordar a los pobres *con diligencia*. En realidad, es algo tan simple. Me has confiado tanto en comparación con los pobres que me rodean. Ayúdame a comprender, Señor, cuándo y cómo debo compartir lo que me has dado. Y también muéstrame cómo puedo poner manos a la obra y actuar según mis preocupaciones. Señor, quita la carga de los pobres y úsame para ayudarlos.

Abre mis oídos, Dios

Haciendo venir delante de él el clamor del pobre, y que oiga el clamor de los necesitados.

JOB 34:28

Gracias, Señor, por oír el clamor de los necesitados. Sus oraciones están ante ti de noche y de día. Incluso en este momento mientras oro, hay otras personas que están más necesitadas que yo y también están orando. Señor, escucha nuestras oraciones. Satisface nuestras necesidades, ya sean financieras, espirituales o emocionales, con abundancia.

Que cuando abras tus oídos al clamor del pobre, abras también los míos. Que no sea tan solamente un oidor de tu Palabra, sino también un hacedor de ella, en especial en relación con los pobres. Señor, clamo ante ti en representación de los necesitados.

Jesús encubierto

Entonces los justos le responderán diciendo: Señor,
¿cuándo te vimos hambriento, y te sustentamos, o
sediento, y te dimos de beber? ¿Y cuándo te vimos fo-
rastero, y te recogimos, o desnudo, y te cubrimos? ¿O
cuándo te vimos enfermo, o en la cárcel, y vinimos a
ti? Y respondiendo el Rey, les dirá: De cierto os digo
que en cuanto lo hicisteis a uno de estos mis hermanos más pequeños, a mí lo hicisteis.

MATEO 25:37-40

Señor, has venido a nosotros encubierto. Podemos
verte en los pobres y en los necesitados; en los foras-
teros y en los prisioneros. Habitas entre los más pequeños de los hermanos, en el último lugar en que la
mayoría esperaría encontrarte.

Padre, quiero encontrarte allí. Escucho tus palabras de advertencia y respondo ofreciendo mi vida
para que la uses. Deseo que seas sustentado, que se te
dé de beber, que se te recoja, que se te vista y se te visi-
te. Muéstrame cómo ministrar tus necesidades entre
los necesitados. Yo seguiré tu ejemplo.

ORGULLO

¡Nunca lo olvides!

Cuídate de no olvidarte de Jehová tu Dios, para cumplir sus mandamientos, sus decretos y sus estatutos que yo te ordeno hoy; no suceda que comas y te sacies, y edifiques buenas casas en que habites, y tus vacas y tus ovejas se aumenten, y la plata y el oro se te multipliquen, y todo lo que tuvieres se aumente; y se enorgullezca tu corazón, y te olvides de Jehová tu Dios, que te sacó de tierra de Egipto, de casa de servidumbre...

DEUTERONOMIO 8:11-14

Señor, que nunca lo olvide. Que tenga siempre presente que todo lo que soy y todo lo que tengo se debe a que Tú me buscaste, me salvaste y me prosperaste. ¿Cómo puede ser, entonces, que siempre encuentre un motivo para sentirme orgulloso? La verdad es que no existe *nada* de lo que pueda presumir.

Nunca olvidaré, Padre, todo lo que has hecho por mí. Te alabo por los días venideros. En verdad, las bendiciones están a la vuelta de la esquina. Todavía no has terminado conmigo, Señor.

Evitar el quebrantamiento

Antes del quebrantamiento se eleva el corazón del hombre, y antes de la honra es el abatimiento.

PROVERBIOS 18:12

Señor, sé que el orgullo conduce hacia el quebrantamiento, y eso me mantiene humilde. Qué ignorante es pensar que el hombre debe vanagloriarse por sus propios logros y posesiones. Señor, Tú eres quien da toda buena dádiva. Y has encontrado maneras eficaces de mantenerme humilde. Que siempre lo sea, Señor. No aspiro a tener un corazón orgulloso, sino a reconfortarme en mi estado humilde. ¡La humildad trae las mejores bendiciones!

Vivir en armonía

Unánimes entre vosotros; no altivos, sino asocián-
doos con los humildes. No seáis sabios en vuestra
propia opinión.

ROMANOS 12:16

Señor, Tú das y Tú quitas. Tengo en cuenta tu llamado a la humildad. Aborrezco la soberbia y el orgullo,
los cuales asoman la cabeza con mucha facilidad. Sí,
Señor, a veces siento la tentación de pensar en mí más
de lo que debería. Protégeme de ese engaño.

No me permitas elegir a mis amigos con base en
la manera en que me pueden ayudar a progresar. En
lugar de eso, que elija amigos a quienes yo pueda ayudar. No miro la apariencia externa, Señor, sino que
intento ver el interior de las personas: el honor, la integridad y el potencial.

Señor, ayúdame a amar

El amor es sufrido, es benigno; el amor no tiene envidia, el amor no es jactancioso, no se envanece...

1 Corintios 13:4

Señor, los que te amamos a ti no podemos estar llenos de orgullo. En diferentes ocasiones me mostraste por qué no hay lugar para el orgullo en mi vida. Me recuerdas las veces en que confíe en mí mismo y fallé. O las veces en que herí a alguien con mis palabras. Las veces en que intenté hacer las cosas por mis propias fuerzas. Esos son algunos de los recuerdos más dolorosos, Señor.

Señor, ayúdame a amar sin más vueltas. Libérame de todos los obstáculos que no me permiten amar.

Abre mi corazón, Señor.

AYUDAR AL OTRO

Bendecir

Y como queréis que hagan los hombres con vosotros,
así también haced vosotros con ellos.

LUCAS 6:31

Esta vida no se trata de mí, Señor. Se trata de ti. Pero, mientras esté dentro de este cuerpo humano, también se trata de los demás y de cómo puedo ayudarlos a alcanzar sus objetivos. Dios, Tú sabes cómo me han ayudado otras personas a lo largo de mi vida. Sin duda alguna, actuaron como tus mensajeros para ayudarme a permanecer en el camino correcto. Ahora, Padre, ayúdame a hacer por otras personas lo que ellos han hecho por mí. Que pueda sembrar semillas porque ya coseché mucho.

En el día de hoy, muéstrame cómo puedo bendecir a alguien más.

Ambiciones egoístas

Nada hagáis por contienda o por vanagloria; antes
bien con humildad, estimando cada uno a los demás
como superiores a él mismo...

FILIPENSES 2:3

Padre, a veces mis ambiciones se llevan lo mejor de
mí. La vida que me diste tiene mucho potencial. Pero,
Señor, sé que si dejo a un lado las ambiciones egoístas y presto atención a las necesidades de los demás,
tú me bendecirás. Incluso abrirás puertas para mí.
Hay muchas características positivas que no tengo y
que puedo ver en otras personas. Viéndolo así, es fácil
pensar que los demás son mejores que yo. Pero, de esa
misma forma, quizás ellos también pueden ver algo
bueno en mí. De ser así, Tú y yo sabemos que se trata
de la obra que has hecho en mi vida.

Gracias, Señor, por la obra silenciosa y desaperci-
bida que llevas a cabo en mi vida.

Relaciones estables

Amaos los unos a los otros con amor fraternal; en
cuanto a honra, prefiriéndoos los unos a los otros.

ROMANOS 12:10

Ver a Jesús en los demás puede ser simple... o compli-
cado. Es difícil amar a algunos hermanos, incluso es
difícil llegar a conocerlos. A veces pareciera que hay
un muro que debo derribar para poder conocerlos.
Señor, que yo no tenga esos muros a mi alrededor.
Y dame paciencia para que pueda seguir intentando
construir relaciones estables con mis buenos hermanos. Que pueda honrar a los hombres que me rodean.

Únenos, Señor

¡Mirad cuán bueno y cuán delicioso es habitar los hermanos juntos en armonía!

SALMO 133:1

Tu voluntad es que tu pueblo sea uno, Señor. Que estemos unidos. A veces, esto no es muy simple. Pero, Dios, quiero la vida pacífica que proviene de habitar en armonía con los demás. Oro para que le pongas un fin a los conflictos, ya sean reales o potenciales, que pueden llegar a perturbar la unidad que tengo con mis hermanos en Cristo. Ayúdame a sembrar semillas que den fruto de unidad entre nosotros. Que aprendamos a permitir que tu amor nos una. Señor, oro para que la iglesia en todo el mundo encuentre unidad en medio de las circunstancias turbulentas y la rebeldía. Únenos, Señor.

LAS PALABRAS
DE MI BOCA

Guarda mi boca

Pon guarda a mi boca, oh Jehová; guarda la puerta de mis labios.

SALMO 141:3

Señor, muchas veces hablo antes de pensar. Digo algunas cosas e inmediatamente deseo retractarme. En ocasiones, me pasa con un amigo, con un compañero de trabajo o, peor aún, con miembros de mi familia. Los he lastimado porque fui rápido para hablar.

Señor, les pido a ellos que me perdonen y a ti que guardes mi boca. Guarda la puerta de mis labios. Haz que espere cuando piense que estoy listo para hablar. Que me pregunte si las palabras que estoy a punto de decir son edificantes o destructivas. Si son destructivas, que las trague de inmediato, antes de que escapen de mi boca.

¡Señor, guarda mis labios!

Acerca de mi temperamento, Señor

> Por esto, mis amados hermanos, todo hombre sea pronto para oír, tardo para hablar, tardo para airarse...
>
> SANTIAGO 1:19

Como muchos otros hombres, Señor, a veces tengo muy mal temperamento. Me enojo con alguien o con una situación y, antes de que pueda darme cuenta, arrojo mi enojo hacia quienquiera que se encuentre a mi alrededor. Esto no debería suceder, y lo sé. Reacciono muy rápidamente en estas situaciones.

Ayúdame a mantener la calma, Señor. Calma mi temperamento. Recuérdame que debo pensar antes de hablar. Y *pensar* en serio. Que sea pronto para oír y tardo para hablar.

Operación de corazón

Porque de la abundancia del corazón habla la boca.

MATEO 12:34

Señor, ¿de dónde vienen mis palabras? Tu Palabra me dice que provienen de mi corazón. A veces, eso me inquieta. Pero, de ser así, Señor, necesito una operación de corazón.

Oro para que quites la negatividad de mi corazón y permitas que desborde de *buenas* palabras para con los que me relacione.

Sí, Señor, dame el corazón de un hombre que habla con sabiduría y amor.

Un hombre bueno

La boca del justo habla sabiduría, y su lengua habla justicia.

SALMO 37:30

Señor, quiero que me conozcan como un hombre bueno. No como uno orgulloso, sino como uno bueno. Y, seguramente, los demás evaluarán mis acciones y mis palabras. Señor, Tú sabes que no soy tan sabio como debería ser. Enséñame acerca de la sabiduría, Dios. Que mis ojos estén alertas para detectar las situaciones en las que me quieres enseñar algo. Y que, a medida que aprenda, hable justicia y bondad a tus ojos. Buenas palabras en el debido tiempo, Señor. Así es como quiero hablar.

SEGURIDAD

La fuente de mi seguridad

Mas yo a Jehová miraré, esperaré al Dios de mi salvación; el Dios mío me oirá.

MIQUEAS 7:7

Tú, Señor, eres mi confianza. Cuando oro, me escuchas y me respondes. Alabo tu nombre por la confianza que me has dado. ¿Quién puede estar en mi contra cuando pertenezco a ti, oh, Señor? ¡Nadie! Me refugio en ti. Encuentro mis fuerzas en ti. Toda mi esperanza está en Ti, oh, Señor.

Que mis días sean bendecidos porque te he puesto como mi fuente de confianza, Dios.

Poderoso gigante

> Mas Jehová está conmigo como poderoso gigante; por tanto, los que me persiguen tropezarán, y no prevalecerán; serán avergonzados en gran manera, porque no prosperarán; tendrán perpetua confusión que jamás será olvidada.
>
> JEREMÍAS 20:11

Algunos hombres te consideran débil, si es que siquiera piensan en ti, Señor. Sin embargo, ¡Tú eres fuerte! ¡Eres un poderoso gigante! ¡Un poderoso gigante que está conmigo! Aquellos que me persiguen sin motivo alguno o intentan hacerme caer deberán rendir cuentas a ti. Gracias por proteger mi nombre, Señor. Gracias por defender mi causa. Gracias por tu magnífica fuerza. ¡Tú eres *mi* poderoso gigante!

Preserva mi pie, oh, Señor

Porque Jehová será tu confianza, y él preservará tu
pie de quedar preso.

PROVERBIOS 3:26

Señor, cuando siento que estoy por tropezar, olvido
que Tú eres mi confianza. ¿Por qué pongo mi confianza en mi persona o en otros? Es una pérdida de
tiempo. Tú tienes el control de mis pasos. Tú diriges
mi camino. Tú, oh, Dios, preservas mi pie de quedar
preso. Padre, Tú tienes toda mi confianza. ¡Solo en ti
confiaré!

El Dios que ve el futuro

Y el efecto de la justicia será paz; y la labor de la justicia, reposo y seguridad para siempre.

ISAÍAS 32:17

Servirte trae aparejado muchísimos beneficios, Señor. Sin duda alguna, uno de los mejores es la paz que siento: la seguridad y el reposo inquebrantables. Solo debo recordar que Tú eres mi Señor las veinticuatro horas del día, los siete días de la semana, y que nada puede sucederme sin pasar antes por tus manos.

Oh Dios, no me preocupo por el futuro; tengo tu seguridad inexorable. Gracias por ver los peligros del futuro que yo todavía no puedo ver. Gracias por ir delante de mí y despejar el camino para que yo pueda atravesar el desierto y salir sin un rasguño.

Te alabo, Dios, por el inmenso amor que tienes por mí.

DESEOS

Un buen legado

El deseo de los justos es solamente el bien; mas la esperanza de los impíos es el enojo.

PROVERBIOS 11:23

Padre, haces que todas las cosas me ayuden a bien. Hasta mis deseos me ayudarán a bien. ¡Qué gran legado tengo! Cuando comparo eso con la pérdida total que deben soportar aquellos que se apartan de ti, me quedo sin palabras. ¿Cómo es que alguien puede decirte que no a ti?

Señor, debes saber que le digo sí a tu voluntad y te digo sí a ti. Hoy y por siempre.

Llena mi corazón, Señor

Jehová te oiga en el día de conflicto; el nombre del
Dios de Jacob te defienda. [...] Te dé conforme al deseo
de tu corazón, y cumpla todo tu consejo.

SALMO 20:1, 4

Señor, pienso mucho en mis "planes". Confieso que a
veces hago planes y después, casi sin pensarlo, te pido
que los bendigas. Eso no está bien. En lugar de eso, Padre, oro para que los deseos de mi corazón y los planes
que deriven de ellos tengan su origen en ti.

Pido, Señor, que llenes mi corazón con los deseos
adecuados, aquellos que harán que tu plan se cumpla
y me darán la seguridad de que soy tu instrumento.

Una buena conciencia

Orad por nosotros; pues confiamos en que tenemos buena conciencia, deseando conducirnos bien en todo.

Hebreos 13:18

Señor, es muy satisfactorio desear conducirme en todo de una manera que te honre a ti, con buena conciencia. Oro, Señor, por una mente limpia y una determinación firme para cumplir con tu visión para mi vida. Oro por oportunidades para vivir honradamente en toda circunstancia, incluso cuando deba hacer algo que pueda ocasionarme pérdidas. Padre, tu bendición sigue a los hombres cuyos deseos están arraigados en tu voluntad, y yo deseo que esas bendiciones me sigan.

Oraciones valientes

Por tanto, os digo que todo lo que pidiereis orando,
creed que lo recibiréis, y os vendrá.

MARCOS 11:24

El mayor privilegio de un cristiano es, sin duda alguna, el poder de la oración. Gracias, Señor, por haber
establecido esta manera maravillosa de mantener
una comunión contigo. Tú nos pides que hagamos
oraciones valientes. Y, a pesar de que conoces cada
una de mis necesidades antes de que te las diga, me
pides que ore. Por tanto, oro. Todos los días te pido las
cosas que necesito para cumplir con tu llamado para
mi vida. Señor, cuando oro, creo. Gracias por la promesa fiel de que escuchas y respondes mis oraciones.